JEAN VALÉRIO

ACELERE NA ADVERSIDADE

Como transformar a sua indignação em um negócio lucrativo

Gente editora

Diretora
Rosely Boschini

Gerente Editorial Sênior
Rosângela de Araujo Pinheiro Barbosa

Editora Pleno
Juliana Rodrigues de Queiroz

Assistente Editorial
Mariá Moritz Tomazoni

Produção Gráfica
Fábio Esteves

Preparação
Lilian Queiroz

Capa
Plinio Ricca

Projeto Gráfico e Diagramação
Gisele Baptista de Oliveira

Ilustrações p. 55, 82, 116
Erelys Ilustrações

Revisão
Bianca Moreira

Impressão
Bartira

Caro(a) leitor(a),
Queremos saber sua opinião
sobre nossos livros.
Após a leitura, siga-nos no
linkedin.com/company/editora-gente,
No TikTok @editoragente e no
Instagram @editoragente e visite-nos
no site www.editoragente.com.br.
Cadastre-se e contribua com
sugestões, críticas ou elogios.

Dados Internacionais de Catalogação na Publicação (CIP)
Angélica Ilacqua CRB-8/7057

Valério, Jean
    Acelere na adversidade : como transformar a sua
indignação em um negócio lucrativo / Jean Valério. -- São
Paulo : Editora Gente, 2024.
    176 p.

ISBN 978-65-5544-429-2

1. Negócios 2. Sucesso nos negócios 3. Empreendedorismo I.
Título

23-6643   CDD 650.1

Índices para catálogo sistemático:
1. Negócios

AO MEU PAI, JAIR VALÉRIO DAMASCENO
(*IN MEMORIAM*), COM GRATIDÃO.

À MINHA ESPOSA, CLARA MORENO, E À
MINHA FILHA, CAMILA, TODO O MEU AMOR.

À MINHA MÃE, MARIA DAS GRAÇAS,
OBRIGADO PELOS ENSINAMENTOS E O AMOR.

AOS MEUS IRMÃOS, JAIR E JEANNY,
MEU CARINHO E AMIZADE ETERNA.

ÀS PESSOAS EXTRAORDINÁRIAS QUE
INSPIRARAM CADA PALAVRA DESTE LIVRO.

AGRADECIMENTOS

À MINHA AMIGA ROSELY BOSCHINI, CEO DA EDITORA GENTE, profissional e ser humano mais iluminado e especial que conheço no segmento editorial de negócios. Rosely, em seu nome, e em nome de Camila, Fabrício, Rosângela, Valéria e Franciane, estendo meus agradecimentos especiais à equipe da Editora Gente. Obrigado por acreditarem e não desistirem de mim!

À minha família, por seu amor e apoio incondicionais.

Aos amigos que estiveram ao meu lado em cada capítulo da minha vida e da criação deste livro.

Aos meus colaboradores, sócios, parceiros e amigos.

Aos mentores e parceiros Thiago Reis, João Kepler, Luan Rodrigues, Luis Fernando Dias, Flávio Augusto, Paulo de Paula e Tereza Jeanne.

A todos os leitores que, agora, fazem parte desta jornada e que, espero, encontrem inspiração e valor nas páginas a seguir.

SUMÁRIO

8 **PREFÁCIO**

11 **INTRODUÇÃO**
TRANSFORME INDIGNAÇÃO
EM OPORTUNIDADES

18 **CAPÍTULO 1**
SEM VENDAS, SEM RESULTADOS

26 **CAPÍTULO 2**
EXPANDA A SUA MENTALIDADE

38 **CAPÍTULO 3**
ACELERE OS SEUS RESULTADOS

50 **CAPÍTULO 4**
GESTÃO DE PESSOAS

64 **CAPÍTULO 5**
GESTÃO COMERCIAL

74 **CAPÍTULO 6**
VENDAS

86 **CAPÍTULO 7**
GESTÃO FINANCEIRA

98 **CAPÍTULO 8**
MARKETING

112 **CAPÍTULO 9**
CULTURA ORGANIZACIONAL

126 **CAPÍTULO 10**
INTELIGÊNCIA EMOCIONAL

138 **CAPÍTULO 11**
POSICIONAMENTO ÚNICO

152 **CAPÍTULO 12**
NETWORKING SELECT

168 **CAPÍTULO 13**
MUDE O JOGO

172 **CAPÍTULO 14**
UMA NOVA VIDA, UM NOVO NEGÓCIO

PREFÁCIO

SABEMOS QUE A JORNADA EMPREENDEDORA É REPLETA de obstáculos e desafios, mas também sabemos que a resiliência é uma característica necessária a todos os que pretendem embarcar na aventura de empreender. É importante ser resiliente para superar os desafios, mas também é importante se indignar quando algo não está funcionando, pois o inconformismo é o catalisador que impulsiona o crescimento. E a combinação de resiliência com inconformismo forma um antídoto poderoso para alcançar novos patamares nos negócios e na vida.

E esta é a provocação que Jean Valério traz neste livro: podemos utilizar a indignação como mola propulsora para avançarmos nas diversas esferas de nossas vidas, principalmente nos negócios.

Por conta de sua trajetória como empreendedor serial, administrador de negócios bem-sucedidos e criador do Fórum Negócios Experience – maior evento de empreendedorismo do Nordeste do Brasil, que a Editora Gente tem o prazer de apoiar e incentivar e que, a cada ano, surpreende por seu crescimento e pelas ideias inovadoras que apresenta –, Jean acumulou experiência e tem propriedade suficiente para falar das dores de empresários e empreendedores, pois ele já realizou, arriscou, testou, errou, aprendeu e ganhou muito, o que o torna um colecionador de histórias de sucesso. Por meio do Fórum Negócios Experience, ele continua firme na sua nobre missão de conectar e impactar pessoas todos os dias.

O autor nos mostra que a indignação funciona como a faísca que acende a chama do empreendedorismo, convertendo desafios que aparentavam ser insolúveis em oportunidades singulares e rentáveis.

Jean acredita que, ao converter suas frustrações em potenciais empreendimentos, você se torna um agente de transformação, pois além de solucionar um problema, você também produz um impacto positivo na vida das pessoas. É neste ponto que reside a verdadeira força dos negócios bem-sucedidos: eles têm o poder de alterar destinos, impulsionar economias e deixar um legado duradouro.

Rosely Boschini

INTRODUÇÃO

TRANSFORME INDIGNAÇÃO EM OPORTUNIDADES

GRANDES IDEIAS NASCEM DO SENTIMENTO DE QUE ALGO

precisa mudar, se transformar. E a indignação é a chama que acende a centelha do empreendedorismo, transformando problemas que pareciam não ter solução em oportunidades únicas e lucrativas. Ao transformar suas indignações em possibilidades de negócio, você se posiciona como um agente de mudanças. Seu produto ou serviço não apenas resolve um problema, mas também gera um impacto positivo na vida das pessoas. É aí que reside o verdadeiro poder dos negócios milionários: eles são capazes de transformar vidas, impulsionar economias e criar um legado duradouro.

Quando começou o seu negócio, você sentiu isso dentro de você? Ou conhece alguém que sentiu? Em minha vida e trajetória, sempre foi assim.

Quero começar este livro, portanto, afirmando que, se chegou até aqui e está vivendo um momento difícil em sua empresa, se está com resultados negativos ou insatisfatórios, saiba que está no lugar certo. Sabe por quê? Proximidade é poder. É ter acesso ao conteúdo e às pessoas certas para que possamos avançar e evoluir. Essa é a proposta deste projeto. Então, saiba que você tem nas suas mãos o que há de melhor neste momento e tenho certeza de que sairá daqui com resultados extraordinários. Foi assim nos meus negócios e assim será com você também. Para obter os melhores resultados, participei de cursos, palestras, mentorias, me aproximei dos mentores certos e vou dar a você todo esse mapa.

O ponto de virada de chave em minha jornada empreendedora, com certeza, foi quando perdi, aos 16 anos, o meu pai. Ele era meu melhor amigo e base de toda a família. Perdi o chão. Entrei em depressão. Além de ter sido um momento muito difícil por não tê-lo mais em nossa vida, foi também uma mudança gigantesca na dinâmica de tudo que nos rodeava. Passamos por um momento de dificuldades financeiras extremas. Naquele momento, entendi que precisava buscar me desenvolver, conquistar minha independência e ajudar minha família a nunca mais passar pela mesma situação. Eu sabia que dali para frente tudo seria mais difícil para a minha mãe. Embora nada faltasse para mim, não queria ser um peso para ela e me comprometi, desde aquele momento, comigo mesmo: serei independente, vitorioso, para nunca gerar preocupações e poder contribuir com a minha mãe e meus irmãos.

Antes de mostrar o caminho, quero que você saiba que, na maioria das vezes, a vida do empreendedor é repleta de obstáculos. Mente quem tenta vender resultado fácil. Dificilmente você conhecerá alguém de muito sucesso que não tenha passado por muitas adversidades para chegar ao topo. O atrito e as dificuldades podem lhe paralisar ou lhe fazer mais forte. O que você decide? Desistir ou acelerar na adversidade? Eu escolhi acelerar.

Eu sempre fui muito estudioso, ativo, gostava de ler livros e de acumular ideias. Decidi cursar Comunicação Social, com habilitação em Jornalismo, na Universidade Federal do Rio Grande do Norte (UFRN). Prestei vestibular e passei na primeira tentativa, aos 17 anos. Entrar na universidade pública foi uma grande conquista, que dediquei ao meu pai. Antes mesmo de começar as aulas, iniciei a minha jornada no mercado de trabalho. A estreia foi como estagiário e repórter de economia de um jornal diário, *O Jornal de Hoje*. A partir dali, comecei a escrever sobre negócios, empresas e mercado. Foi assim que me apaixonei pelo empreendedorismo! Logo criei uma agência de comunicação corporativa (meu primeiro CNPJ) e depois uma revista empresarial, a *Revista Negócios*. Hoje tenho o meu próprio jornal. Considero-me um empreendedor serial, lidero mais de dez empresas, sou investidor-anjo, especialista e mestre em gestão, marketing e networking. Entre tantos negócios que administro, existe um que vale a pena aprofundar aqui porque faz parte de uma das conquistas mais extraordinárias da minha vida: sou fundador e CEO do Fórum Negócios Experience, um dos maiores eventos de empreendedorismo do Brasil, o maior do Norte e do Nordeste. Para esse projeto, tenho orgulho de dizer que consigo reunir as mentes mais brilhantes do empreendedorismo, autores best-sellers, grandes palestrantes e as pessoas mais influentes desse mercado na América Latina. O Fórum Negócios Experience é um *hub* de oportunidades, porta de entrada dos empreendedores para uma jornada de valor no mundo dos negócios e uma comunidade pulsante de networking. Naturalmente, o Fórum se transformou em um ecossistema de oportunidades para alavancagem empresarial.

Realizando, arriscando, testando, errando, aprendendo, perdendo e vencendo, acumulei muita experiência. Com toda essa bagagem, percebo que me transformei em um líder que ativa movimentos e conecta pessoas brilhantes com propósitos semelhantes para que possamos, juntos, impactar e mudar a vida das pessoas. Quer um exemplo prático? Em 2018, decidi levar o Fórum Negócios Experience para um estádio de futebol. Foi uma decisão muito difícil, repleta de riscos e que demandou muito trabalho, mas, em minha percepção, mesmo com as dificuldades, o resultado foi fantástico. Eu tive a visão, senti, comuniquei e realizei. Convenci o meu time de que aquilo seria extraordinário e juntos realizamos o primeiro evento de empreendedorismo do país para milhares de pessoas em um estádio de futebol.

Viver e liderar uma imersão empresarial de dois dias em uma arena de futebol lotada foi algo indescritível. Depois do evento, no dia seguinte, eu parei para ler os comentários das pessoas que haviam participado do Fórum. Eram centenas de mensagens enviadas para as minhas redes sociais. Eu percebi, naquele momento, que tinha um grande tesouro. Todas as mensagens falavam sobre o poder do Fórum na transformação das suas vidas. Pessoas que estavam pensando em desistir de tudo, profissionais que fizeram transição de carreira, empreendedores que alavancaram os resultados dentro do próprio negócio, pessoas que deixaram de desistir da vida e tantos outros depoimentos comprovando que estava no caminho certo, ajudando milhares de pessoas.

Dali em diante, o nosso ecossistema Fórum Negócios explodiu gerando incontáveis experiências, imersões, treinamentos, mentorias e cursos transformadores. Recentemente, em agosto de 2023, realizamos outro feito histórico juntando três mil pessoas no maior evento de empreendedorismo já realizado na região de Alphaville, em Barueri, São Paulo – o Supere Experience 23. Comigo estiveram grandes nomes como Flávio Augusto, do Geração de Valor, Marcos Rossi, Pablo Marçal, Marcos Marques, Carlos Wizard, entre outros grandes mentores e palestrantes.

Milhares de empreendedores foram encorajados e educados a colocar em prática um plano de ação para alavancar seus resultados. Uma parte seleta dessas pessoas pediram e nós criamos grupos de mentoria para acompanhar e orientar o desenvolvimento dos seus negócios e carreiras durante doze meses. Os resultados foram muito além do esperado.

Foi nesse momento que percebi a necessidade de escrever um livro – e é justamente por isso que estamos aqui! Meu principal negócio é, hoje, a educação corporativa, é o empoderamento de empreendedores. Todo o meu empenho está no aperfeiçoamento de metodologias e experiências para empoderar líderes empreendedores. Com mais de dez empresas de sucesso e tantos aprendizados, por que não traduzir tudo o que eu sei, estudei e vivi na prática em um livro que ajude você a transformar os resultados do seu próprio empreendimento a partir da solução de problemas relevantes?

Atualmente, tenho certeza de que a minha missão é ajudar os donos de negócios a alavancarem ainda mais os seus resultados. Quero que você saia desta leitura com todas as ferramentas para evoluir, fazer crescer seu faturamento, empregar mais pessoas e, com certeza, presentear alguém com este livro que mudará a sua vida e a maneira como você enxerga os problemas da empresa. Isso é poderoso! Precisamos entender que muito mais do que ter o conhecimento, é preciso transbordar esse saber e transformar quem está ao nosso lado para que as pessoas também possam evoluir e conseguir mais resultados passando isso adiante. Assim, criaremos uma corrente de soluções que elevará o nível dos negócios no Brasil!

Keith Ferrazzi e Tahl Raz falam sobre isso no livro *Nunca almoce sozinho*: "Aprendi que o verdadeiro networking tinha a ver com a descoberta de maneiras de tornar os outros mais bem-sucedidos. Tinha a ver com o árduo esforço de dar mais do que se recebe".[1] Não poderia concordar mais! Essa é a transformação que gostaria de proporcionar em sua vida e, consequentemente, em seu negócio e ecossistema.

Sendo assim, revelo neste livro a essência principal sobre o meu conhecimento de negócios, transformado no Programa Acelerador de Resultados (PAR). Trago ainda os oito passos que acompanham a construção de negócios poderosos na resolução de problemas relevantes. Você terá acesso aos pilares fundamentais na gestão de pessoas, comercial e financeira, para que, depois, possa entender mais sobre potencialização e

---

1 FERRAZZI, K; RAZ, T. **Nunca almoce sozinho**. Portugal: Actual, 2015.

escala comercial, em que veremos estratégias eficazes para alavancar as vendas do seu produto ou serviço; falaremos também sobre marketing, em capítulos que abordarão elementos como funil, tráfego, automação e outros; depois, exploraremos a cultura organizacional e discorreremos sobre posicionamento único para que você possa aprender como colocar a sua empresa no centro do ecossistema no qual está inserida; e, por fim, fecharemos os passos do método abordando as bases do PAR e também explicando sobre produtos, pessoas e processos, além de networking estratégico e do programa Select do Fórum Negócios Experience. Tudo isso recheado com *cases* nos quais apliquei essa metodologia para que você possa entender efetivamente como colocar em prática tudo o que aprenderá aqui, ao meu lado.

Em outras palavras, mergulharemos em ferramentas e estratégias práticas que o ajudarão a identificar problemas relevantes e, mais importante, criar soluções inovadoras que gerem impacto e prosperidade. Veremos como a persistência é fundamental para enfrentar os desafios do caminho empreendedor, afinal, o que move um negócio milionário é muito mais do que uma ideia brilhante – é a capacidade de agir com determinação e coragem, mesmo diante dos obstáculos mais imponentes. No fim, entenderemos que o nosso principal desafio é decidir mudar e expandir a nossa própria mentalidade empreendedora.

Preparado para trilhar um caminho que transcende o óbvio e abraça o desconhecido? Então vamos juntos explorar a arte de transformar indignação em oportunidades de negócio, com o objetivo de criar não apenas riqueza para si, mas também um impacto positivo e duradouro no mundo ao seu redor.

Sucesso é uma escolha e espero que você escolha virar a próxima página para que esteja cada dia mais caminhando em direção a essa conquista.

Vejo você no próximo capítulo!

1

SEM VENDAS, SEM RESULTADOS

ACREDITO, COM MUITA CONVICÇÃO, QUE AS EMPRESAS que não têm a mentalidade comercial adequada estão fadadas ao insucesso financeiro. E sabe por qual motivo isso acontece? Porque vender pouco significa menos caixa e menos lucro, o que, consequentemente, leva à falta de previsibilidade de vendas e à falta de resultados. Se você tem um negócio e está em uma situação parecida com essa, não se preocupe porque é normal e você sairá da leitura deste livro com as ferramentas necessárias para mudar o jogo.

Durante muito tempo, em minhas empresas, administrei a falta de lucros empurrando o problema para debaixo do tapete. Você já fez isso também? No meu caso, ia administrando a escassez financeira da melhor maneira possível – e de modo pouco efetivo –, mas a verdade é que nunca coloquei energia nos lugares certos, isto é, nunca olhei para essa falta de resultados e consegui entender como poderia vender de modo assertivo com técnicas adequadas e previsibilidade para que pudesse crescer exponencialmente.

Ao não vender bem, o meu financeiro também acabava ficando frágil, afetando a minha vida em todos os aspectos – pessoal e profissional. E isso acontece porque não conseguimos dissociar o aspecto pessoal financeiro do empresarial. Senti isso na pele por muitos anos e nunca tomava uma decisão assertiva em relação ao que estava acontecendo.

Sendo assim, para que você possa analisar de modo mais claro a sua situação atual e entenda verdadeiramente como o problema da falta de resultados funciona, quero explicar alguns pontos a partir de agora.

A RAIZ DO PROBLEMA

É bem provável que você esteja em uma situação na qual não percebe de verdade o que está acontecendo. Como comentei, vivi assim por muito tempo e simplesmente dormia e acordava sem planejamento. Os resultados dos meus negócios estavam estagnados, não eram acompanhados de perto e só fui perceber o tamanho do poço em que estava me afundando quando o problema ficou gigante. Para alguns, o momento da descoberta pode até ser tarde demais. No meu caso não chegou a tanto, e também não quero que isso aconteça com você.

Sendo assim, parto do princípio de que é importante falarmos sobre a raiz do problema que muitos empreendedores vivem: a falta de resultados está diretamente atrelada à falta de vendas consistentes em seu negócio. Esse é o primeiro aspecto que precisa ser solucionado e, acredite, enquanto as vendas estiverem estagnadas, você estará apenas apagando incêndios por todos os lados.

Essa lacuna que existe entre a falta de vendas e a falta de resultados tem um impacto significativo no caixa, pois enquanto a receita gerada é fundamental para sustentar as operações, pagar fornecedores, funcionários e despesas gerais, a ausência de vendas pode levar a um fluxo de caixa negativo, dificultando o cumprimento das obrigações financeiras. Em outras palavras, a falta de resultados pode fazer com que a empresa enfrente problemas para honrar seus compromissos como pagamentos de empréstimos, de fornecedores, clientes, funcionários e até mesmo contas pendentes que farão o negócio girar. A consequência são os atrasos, penalidades e, em última instância, a deterioração da saúde financeira levando às demissões, necessidade de reavaliar as estratégias e abalo na confiança dos *stakeholders*, que são parte importantíssima para que todo esse processo dê certo.

Para que você possa entender melhor essa situação em termos numéricos, a partir da minha experiência percebi que aproximadamente 50% das empresas enfrentam dificuldades financeiras nos primeiros anos de operação, resultando em falta de lucratividade evidente, que pode ser comprovada por uma pesquisa, divulgada pelo Sebrae, feita com 10 mil empreendedores, na qual mais da metade das pequenas empresas brasileiras está sem reservas financeiras em seu caixa.[2]

Em outra pesquisa, realizada pelo Sebrae, 24% dos pequenos e médios empreendedores apontam que, entre as maiores dificuldades de ter um negócio, está "conquistar clientes e vender mais".[3] Os dados são assustadores e nos mostram a importância de cuidar de tudo isso para que possamos evitar situações extremas de falta de resultado.

Vemos, também, que 52% dos entrevistados comentaram sobre precisar de mais capacitação na área de controle e gestão financeira; 47% sentem que precisam de qualificação em propaganda e marketing e 44% têm dificuldade com a gestão das redes sociais da empresa. E se você está imaginando que esses empreendedores possuem outra fonte de renda e por isso a situação não é tão ruim, saiba que essa não é a realidade – a única fonte de renda de 70% dos entrevistados é o seu próprio negócio.[4]

O Panorama de Vendas, produzido pela RD Station com o apoio da TOTVS e Tallos entrevistou 1,7 mil negócios de diferentes ramos e segmentos e mostrou que, em 2022, 71% das empresas não bateram as suas metas de vendas. Como causa, temos alguns fatores externos como a pandemia, as eleições e a guerra na Ucrânia, entretanto, o fato é que isso faz com que o planejamento vá para o ralo e o crescimento fique estagnado.[5]

Sendo assim, quero que você pare um minuto, analise esses dados e reflita se você se encontra em uma situação parecida com essa. Caso sim, saiba que você está um passo mais perto de mudar isso. A partir de agora, falaremos sobre alguns dos problemas mais comuns que podem estar acontecendo com você e fazendo parte do seu dia a dia. Identificar isso é o primeiro passo para a mudança e para que você tenha mais resultados em seu negócio.

---

2 UM em cada 10 pequenos negócios está com dificuldade para pagar contas. **Sebrae**, 2023. Disponível em: https://sebrae.com.br/sites/PortalSebrae/ufs/ma/noticias/1-em-cada-10-pequenos-negocios-esta-com-dificuldade-para-pagar-contas,4c929e1cbcb3c710VgnVC M100000d701210aRCRD. Acesso em: 17 nov. 2023.

3 CONQUISTAR clientes e vender mais são as principais dificuldades dos pequenos negócios. **Revista PEGN**, 2019. Disponível em: https://revistapegn.globo.com/ Empreendedorismo/noticia/2019/10/conquistar-clientes-e-vender-mais-e-principal-dificuldade-do-dono-de-pequenos-negocios.html. Acesso em: 17 nov. 2023.

4 Revista PEGN, 2019.

5 71% DAS EMPRESAS brasileiras não bateram metas de vendas em 2022, aponta pesquisa. **Terra**, 2023. Disponível em: https://www.terra.com.br/economia/dinheiro-em-acao/71-das-empresas-brasileiras-nao-bateram-metas-de-vendas-em-2022-aponta-pesquisa ,5bbd0ee0301bc235d28b0711b14eb55b8p8slc31.html. Acesso em: 17 nov. 2023.

IDENTIFIQUE A SITUAÇÃO

Você tem uma estratégia de marketing bem-definida? Está se atualizando em relação ao seu mercado? Sabe qual é a diferença entre lucro e faturamento? Olha para o seu processo de vendas de modo que possa ajustar e fazer com que seja mais eficiente? Olha a sua comunicação com o time para que esteja redonda e alinhada? Caso você tenha respondido "não" para uma ou mais perguntas, tenha certeza de que não está sozinho.

Ao longo dos anos, e em relação ao desenvolvimento e ajustes de rota que precisei fazer em meu negócio, percebi a existência de alguns fatores que fazem parte do dia a dia da maior parte dos empreendedores e podem estar contribuindo para que você não tenha os resultados esperados.

No entanto, é importante entender que o sucesso não virá por mero acaso. Em vez disso, é necessário construir esse processo e reconheço quão frustrante pode ser enfrentar uma rotina comercial que não gera resultados palpáveis, vivenciando meses sem conseguir superar os números convencionais.

Abordarei, agora, algumas situações que vivi e mapeei em meus negócios e em empresas dos meus mentorados. Acredito que você também passa ou passou por algo semelhante.

FALTA DE ESTRATÉGIA DE MARKETING

A ausência de uma estratégia de marketing eficaz faz com que a visibilidade de seus produtos e serviços seja insuficiente para atrair e encantar clientes. As vendas não atingem os patamares necessários e os seus resultados não impulsionam.

VOCÊ SABE SOBRE O MERCADO?

Quando não pesquisamos, estudamos e sabemos tudo sobre o mercado em que atuamos, deixamos também de conhecer as verdadeiras necessidades dos clientes. Fica difícil oferecer algo que realmente gere conexão com o público-alvo.

É PRECISO ATENDER ÀS EXPECTATIVAS

É muito comum que o empreendedor ofereça produtos e serviços que não correspondem às expectativas dos clientes. Esse também é um fator que emperra as vendas.

É IMPORTANTE ENTENDER QUE O SUCESSO NÃO VIRÁ POR MERO ACASO.

VOCÊ SE PREOCUPA COM A DIFERENCIAÇÃO?

Se você não se destaca da concorrência e não oferece algo único, persuadir os clientes a escolherem seus produtos ou serviços torna-se um desafio quase impossível de ser superado.

ALINHAMENTO DO PROCESSO DE VENDAS

É preciso ter um processo organizado de vendas para que você possa converter mais e ter mais resultados. Organizar suas equipes de vendas com rotinas, ferramentas e processos é fundamental para garantir a previsibilidade dos números. A desorganização é nossa inimiga!

O PREÇO ESTÁ COMPATÍVEL?

Preços muito altos ou baixos demais podem prejudicar completamente as vendas. Seja por deixar o resultado em níveis aquém do ideal ou por dificultar que o time de vendas consiga converter. Por isso, saber precificar é fundamental.

O CLIENTE NO CENTRO

É possível que você deixe de estabelecer conexões emocionais verdadeiras. Você está oferecendo um atendimento excepcional? O sucesso do cliente é o segredo do negócio!

COMUNICAÇÃO COM FOCO

Mensagens confusas e falta de clareza quanto aos benefícios e características do produto ou do serviço dificultam a compreensão por parte dos potenciais clientes.

SUA EQUIPE DE VENDAS ESTÁ PREPARADA?

Manter uma equipe de vendas mal treinada ou que não compreende profundamente o que está vendendo é como rasgar dinheiro. O despreparo do seu time de vendas pode ser a justificativa para resultados tão medíocres. Sem preparação, suas vendas não vão decolar.

FATURAMENTO *VERSUS* LUCRO

O faturamento representa o valor total das vendas, enquanto o lucro é o valor que sobra após deduzir todas as despesas e custos operacionais. A ilusão de que um alto faturamento automaticamente se traduz em lucro é um equívoco perigoso. Cuidado!

Agora que falamos sobre alguns dos principais problemas encontrados nos negócios que não dão certo, chegou a hora de começarmos a entender como buscar soluções para tudo isso. Cada situação é única e requer uma análise minuciosa a fim de desenvolver estratégias adequadas que impulsionem o crescimento e o sucesso. Não descubra um santo para cobrir outro!

Em alguns capítulos mais adiante abordarei sobre como você não deve focar apenas o faturamento, e sim se esforçar para alcançar a lucratividade sustentável. Eu quero que você tenha crescimento saudável e resiliência para enfrentar os desafios que virão. E como nada é mais inspirador do que testemunhar a transformação de empresários e empresárias, deixo aqui uma história inspiradora, de um dos meus mentorados.

Vou contar o caso de um empreendedor do setor de energia que entrou no meu programa de mentoria. Ele queria meu apoio para melhorar os resultados da sua empresa. O primeiro trabalho que fizemos foi educar e mudar sua mentalidade. O empresário mudou completamente sua mentalidade empresarial e também suas atitudes em relação à sua empresa, que saiu de um faturamento de 5 milhões de reais para mais de 30 milhões de reais por ano. Ele se tornou um líder dedicado, tomou todas as decisões necessárias, implementou as mudanças e focou a redução de custos em conjunto com a profissionalização da gestão comercial da sua empresa. O resultado você já sabe: crescimento exponencial.

Temos centenas de casos de sucesso de empresários e empresárias que multiplicaram seus resultados sob nossa orientação. Empreendedores que expandiram a mente e aplicaram nossa metodologia. Nas próximas páginas citarei mais alguns casos. Quero finalizar este capítulo pedindo que você não seja resistente à mudança. Empresários que relutam em adaptar suas estratégias às mudanças do mercado acabam ficando para trás. Não seja um deles!

Se você quer transformar a sua empresa, basta seguir aqui, ao meu lado, para que possa aprender sobre todas as ferramentas que o levarão ao sucesso.

EXPANDA A SUA MENTALIDADE

2

CHEGOU A HORA DE COMEÇAR A EXPANDIR A SUA MENTE!

Essa atitude é essencial para que você possa enfrentar os desafios e abraçar as oportunidades que aparecerão a partir de agora. Em outra instância, o que quero é que você abandone algumas de suas crenças a partir das explicações, informações e do entendimento de tudo o que veremos aqui. Quero que você seja flexível e adaptável e entenda que não é necessário que a sua jornada tenha sido completamente linear para que tenha sucesso. Este é um espaço para explorar novas ideias, mercados e maneiras de criar valor. Por isso falaremos, aqui, sobre alguns pilares que serão divisores de águas em sua mentalidade de modo que você possa avançar para os próximos passos. Sabe como isso será possível? Quero começar contando algo sobre a minha jornada.

Percebo que, como empresário, passamos por diversos momentos decisivos e eu não fiquei livre dessas "provações". A verdade é que, nessas horas, as nossas decisões e escolhas determinam quem seremos no futuro. Em outra análise, podemos fazer uma releitura desses momentos decisivos chamando-os de *pontos de inflexão*, como bem denominou Flávio Augusto, um dos empreendedores brasileiros mais admirados, um grande amigo e mentor, parceiro em nossos melhores eventos nacionais de empreendedorismo.

Fundador da Wise Up, Flávio construiu um legado a partir da educação como base para o crescimento. Mais tarde, vendeu a empresa por 1 bilhão de reais e hoje é visto como um dos maiores palestrantes e escritores brasileiros. Tive a oportunidade de estar ao lado do Flávio em diversos momentos. O mais recente foi em agosto de 2023 quando realizei um grande encontro de negócios em São Paulo. Fiquei muito feliz em ter Flávio Augusto como parceiro e palestrante do meu evento, gerando muito valor para meu público. Mas, voltando ao tema sobre difíceis decisões, em relação aos pontos de inflexão que menciona Flávio, o que me chama a atenção é o fato de que são esses momentos decisivos que podem mudar completamente o curso do seu negócio e, consequentemente, da sua vida e carreira.

> Tomamos decisões desde o primeiro minuto do dia. Decisões das triviais até aquelas que mudam um destino. Ao tocar o despertador, decidimos se levantamos ou se desfrutamos de mais dez preciosos minutos de sono na cama quentinha. Ao levantarmos, decidimos se comeremos uma omelete ou um pão com manteiga; se tomaremos café ou um suco de laranja, ou, simplesmente, se tomaremos ou não o café da manhã, já que aqueles dez minutos a mais na cama podem ter nos custado sair sem comer. São dezenas, centenas ou até milhares de decisões que tomamos todo santo dia. [...] No entanto, há momentos em nossa caminhada – e não são muitos – em que as decisões a serem tomadas podem mudar o rumo de nossa história de maneira definitiva. Podem representar subirmos de patamar, escalarmos o degrau de cima, avançarmos algumas casas no jogo da vida, matarmos a nave-mãe e passarmos de fase, ou, simplesmente, tomarmos uma decisão que nos custará mergulharmos na estagnação, na melancolia e numa vida cheia de arrependimentos.[6]

Consegue perceber qual é o meu objetivo aqui? Tenho certeza de que você está diante de um ponto de inflexão, algo que pode proporcionar uma mudança significativa em sua vida, um divisor de águas. Reconhecer e capitalizar corretamente esses momentos é uma das habilidades essenciais de um empreendedor de sucesso.

Afirmo com toda a certeza que a principal decisão que você pode tomar agora é permitir que a sua mente empreendedora seja expandida. E isso pode acontecer de diversas maneiras, inclusive a partir do investimento que você fez neste livro, e pode seguir com outros investimentos, como em cursos, treinamentos e grupos de mentoria e *master mind*.

---

6 AUGUSTO, F. **Ponto de inflexão**. São Paulo: Buzz, 2019.

O importante é você seguir sempre em direção ao conhecimento. Lembre--se de que toda a evolução que você precisa ter na sua vida pessoal e profissional depende do comando que sai da sua mente. Quanto mais treinada ela for, mais chances de sucesso terá.

Na jornada de valor em busca de resultados extraordinários, o investimento em conhecimento genuíno se destaca como a bússola mais confiável na qual você deve se apoiar. Warren Buffett, considerado o titã dos investimentos, tem uma análise em que ecoa essa verdade. Ele diz que os dividendos do conhecimento são os mais lucrativos. Isso não poderia ser mais real! O meu mantra é: ainda que me tirem todo o meu dinheiro, todo o meu patrimônio material, como imóveis, carros e bens, nunca poderão tirar de mim o meu conhecimento, pois com ele sou capaz de fazer os meus resultados.

Agora você já sabe que o conhecimento é a nossa principal ferramenta para conquistar o negócio que sempre sonhamos. E eu quero que você pense e utilize esse conhecimento da melhor maneira possível. Lembrando que tudo começa pela mudança da sua mentalidade e consequentes atitudes para transformar sua realidade. Vamos ver como é possível fazer isso? A partir de agora trarei um pouco da minha percepção, experiência e orientação sobre expansão da mente empreendedora e conquista de novos resultados a partir disso.

UMA MENTALIDADE DE SUCESSO

Um dos fatores que deixam os empresários presos aos mesmos ciclos de insucesso é a falta de uma mentalidade adequada para alavancar os negócios. Nesse sentido, vejo que o empreendedorismo não é apenas uma jornada de inovação e criação, mas também interna de autodescoberta e autodesenvolvimento, isto é, uma jornada interior que pode ter como resultado alguns tipos de pensamentos e crenças que vão lapidar e influenciar também a maneira como você enxerga os seus talentos e habilidades. Sem a mentalidade adequada, você terá uma visão distorcida desses fatores e poderá estar deixando de considerar pontos importantes que levariam você do ponto A ao ponto B.

Para explicar melhor, vamos simular um exemplo: imagine que você está com problemas em seu negócio e não sabe mais como buscar soluções. Embora você sempre tenha se considerado um solucionador de problemas, sente-se travado há algum tempo e percebe que talvez esse talento não seja tão real quanto imaginava. Mas, olhando para a sua trajetória, você sempre foi um grande solucionador, então por que não consegue aplicar essa mesma característica agora? Respondo: pela falta de uma mentalidade adequada.

Carol S. Dweck, professora de psicologia na Universidade de Stanford e autora do best-seller *Mindset: a nova psicologia do sucesso*, explica que existem dois tipos distintos de mentalidade: a mentalidade fixa e a mentalidade de crescimento. São elas que definem como os indivíduos veem seus próprios talentos e a natureza de seu sucesso. Vou explicar melhor os conceitos a seguir.[7]

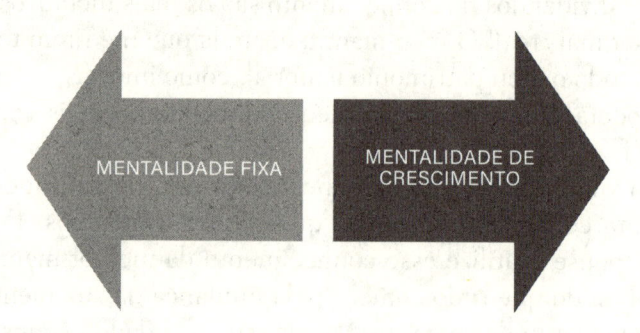

MENTALIDADE FIXA

Você acha que seus talentos e habilidades nasceram com você? Que eles são inatos e imutáveis? Caso você pense assim, pare aqui por um momento para que possamos mudar isso. Indivíduos com uma mentalidade fixa veem o sucesso apenas como uma validação da inteligência inerente do ser humano e tendem a evitar desafios para que não precisem expor as suas deficiências. É o famoso medo de quebrar a cara ou, em outros termos, pouca coragem de se expor para que não precise lidar com as próprias dificuldades. Pessoas com a mentalidade fixa temem o fracasso, são resistentes aos feedbacks e veem esses comentários como críticas pessoais em vez de analisar como oportunidades de aprendizado.

Como demonstrado na figura anterior, vejo essa mentalidade como um grande atraso que não leva ao futuro, por isso uma seta apontando para a direção contrária ao avanço. Você se identificou? Se sim, chegou a hora de deixar essa mentalidade no passado!

MENTALIDADE DE CRESCIMENTO

Se temos, na mentalidade fixa, por um lado, os talentos e habilidades sem a possibilidade de serem desenvolvidos, aqui na mentalidade de

---

7 DWECK, C. S. **Mindset**: a nova psicologia do sucesso. São Paulo: Objetiva, 2017.

crescimento os indivíduos veem essas características como qualidades que podem ser desenvolvidas por meio de esforço, treinamento e persistência. Veem o fracasso não como uma deficiência pessoal, mas, sim, como uma oportunidade de aprendizado e crescimento. Como Dweck explica: "Mesmo no mindset de crescimento o fracasso pode ser uma experiência penosa. Mas ela não nos define. É um problema que tem de ser enfrentado e tratado, e dele se devem extrair ensinamentos".[8] E isso é inestimável no mundo dos negócios!

Empreendedores com uma mentalidade de crescimento abraçam os desafios e persistem diante dos obstáculos. Por isso, avançam em seus negócios e seguem em direção à evolução e ao desenvolvimento. É aqui que você quer estar! Com essa mentalidade e com essas reflexões.

Analisar o seu tipo de mentalidade é, portanto, uma questão de evolução em relação aos resultados que você tem produzido até agora. Você já sabe, nessa altura da jornada, que enfrentar contratempos é inevitável. Por esse motivo, em muitos momentos, a diferença entre o sucesso e o fracasso não está no talento ou na construção de soluções e ideias disruptivas, mas, sim, na mentalidade adequada para ser adaptável e manter uma postura de aprendizado contínuo.

Sendo assim, pensar e cultivar essa mentalidade de crescimento pode ser a chave para navegar com sucesso pelas complexidades e desafios do empreendedorismo. É preciso ter capacidade de aprender, adaptar-se e crescer.

SEJA INTENCIONAL E SELETIVO

Greg McKeown, palestrante, especialista em liderança, estratégia e inteligência coletiva e autor best-seller, escreveu o livro *Essencialismo: a disciplinada busca por menos,* em que fala sobre uma era na qual temos o excesso de informações e obrigações infinitas e como é possível mudar esse cenário para buscar o que é **essencial**. É uma abordagem na qual é possível construir um sistema de modo que possa determinar em quais locais deve colocar o seu precioso tempo e energia: "Só quando nos permitimos parar de tentar fazer tudo e deixar de dizer sim a todos é que conseguimos oferecer nossa contribuição máxima àquilo que realmente importa".[9]

---

8 *Ibidem.*

9 MCKEOWN, G. **Essencialismo**: a disciplinada busca por menos. Rio de Janeiro: Sextante, 2015.

NA JORNADA DE VALOR EM BUSCA DE RESULTADOS EXTRAORDINÁRIOS, O INVESTIMENTO EM CONHECIMENTO GENUÍNO SE DESTACA COMO A BÚSSOLA MAIS CONFIÁVEL NA QUAL VOCÊ DEVE SE APOIAR.

McKeown argumenta que, em nossa tentativa de fazer tudo e agradar a todos, acabamos sacrificando o nosso bem-estar e a nossa capacidade de focar as tarefas que realmente importam. O essencialismo não é sobre como fazer mais coisas em menos tempo, e sim sobre fazer as coisas **certas**, garantindo que o nosso tempo e os nossos esforços sejam direcionados para as atividades e os compromissos que estejam alinhados com os nossos valores e as metas centrais que temos. Percebe a diferença?

A proposta é que você se sinta incentivado a fazer escolhas mais deliberadas e conscientes, a dizer "não" com mais frequência e a buscar clareza sobre o que é verdadeiramente essencial em sua vida. Esse é um dos primeiros passos para que você consiga se livrar dessa sobrecarga de informações e consiga ter foco no que realmente importa. Quero que você comece a viver uma vida mais intencional e significativa. Com essa atitude, você focará o que importa e a sua empresa passará a ter resultados melhores.

O segundo livro que traz insights poderosos em relação a esse assunto foi escrito por David Epstein, jornalista estadunidense e autor best-seller de *Por que os generalistas vencem em um mundo de especialistas*. Com uma proposta de desafiar a noção convencional de que a hiperespecialização é o caminho para o sucesso, Epstein argumenta que, em muitos campos – especialmente aqueles que são complexos e imprevisíveis – generalistas, não especialistas, estão mais bem-posicionados para se destacar: "Nossa maior força é exatamente o oposto da especialização estrita. É a capacidade de fazer uma integração ampla".[10]

Para o autor – e não posso deixar de concordar –, as pessoas que possuem uma ampla gama de interesses e habilidades acabam tendo mais experiência em diversos campos e costumam, por esse motivo, ser mais criativas, mais ágeis e mais aptas a fazer conexões.

Em resumo, enquanto McKeown (com o essencialismo) destaca a importância de se concentrar no que é realmente importante, Epstein mostra que ter uma ampla gama de habilidades e interesses pode ser uma vantagem inestimável em um mundo em constante mudança. Em minha percepção, ambos os livros ressaltam a importância de sermos **seletivos** e **intencionais** em nosso aprendizado e crescimento pessoal. Eles apenas trazem isso de modo diferente! A questão principal, que convido você a refletir, é sobre a importância de focar, de dizer sim ao

---

10 EPSTEIN, D. **Por que os generalistas vencem em um mundo de especialistas**. São Paulo: Globo Livros, 2020.

essencial, de dedicar-se a uma especialidade, mas sem esquecer que você deve estar atento ao mundo, às tendências e dominar algumas habilidades chamadas de *soft skills*, essenciais e complementares ao mundo dos negócios. Então, guarde esse insight para você porque ele será poderoso a partir de agora, em sua jornada.

REAPRENDENDO A APRENDER

Estamos mergulhados em um vasto oceano da era digital. Como consequência, muitos empreendedores são frequentemente iludidos pela falsa sensação de estarem bem-informados, quando, na verdade, nadam nas águas superficiais da desinformação. É uma percepção errônea, e se manifesta comumente por meio de erros recorrentes, tomadas de decisão baseadas em areias movediças e uma inclinação preocupante para saltar de uma tendência a outra, sem compreender o que é, de fato, importante para que se possa crescer e avançar.

A verdade é que existe uma sobrecarga de informações e, muito provavelmente, você nem sabe como filtrar o que é importante ou não. Essa sobrecarga, portanto, em vez de se transformar em um recurso poderoso de mudança, acaba gerando paralisação e confusão em vez de esclarecer e elucidar.

Pensando sobre esse ponto e sobre uma famosa frase de que gosto muito: "Aquilo que você não conquistou ainda é por conta do conhecimento que não adquiriu", essa sobrecarga de informações, em conjunto com a falta de habilidade para que possa aprender no mundo digital, pode estar travando você e, consequentemente, o seu negócio.

Isso acontece porque vivemos em uma era de abundância digital e acabamos consumindo mais dados e conteúdo do que podemos assimilar ou utilizar de maneira eficaz, então, quero deixar uma reflexão: como é possível que você, empreendedor, navegue por esse mar digital garantindo que esteja informado e não sobrecarregado?

A resposta é: a partir de uma aprendizagem seletiva.

Ter aprendizagem seletiva é entender que nem toda informação é relevante ou útil. Quando estiver navegando por esse oceano de informações, quero que você foque o que é diretamente aplicável ao seu negócio e contexto. E isso não significa ignorar as tendências emergentes ou conhecimentos tangenciais, mas, sim, priorizar o que é relevante no momento.

Por isso, em vez de consumir passivamente informações, você deve adotar uma abordagem ativa, composta por três pilares fundamentais. São eles:

- **prática deliberada**: pense nas informações que recebe a partir de um propósito específico e foque as áreas que necessitam de melhoria em sua empresa. A partir dessa definição, você conseguirá também buscar informações específicas (deliberadamente);
- **aprendizagem** *just in time*: busque informações conforme a necessidade em vez de tentar prever e aprender tudo de uma vez;
- **reflita sempre**: tire um tempo, regularmente, para refletir sobre o que foi aprendido e como isso se aplica ao seu contexto de negócios.

Coloque esses três pilares, a partir de agora, e tenho certeza de que a sua relação com a quantidade de informações disponíveis melhorará.

EMPREENDEDORISMO E EDUCAÇÃO EMPREENDEDORA

Para fecharmos esta etapa, não posso deixar de mencionar que precisamos expandir a nossa mente também em relação à educação empreendedora aqui no Brasil. Em minha percepção, isso tem se transformado em um dilema e está presente também em escala global, porém em menores proporções.

A verdade é que a iniciação no mundo empresarial frequentemente ocorre mais por tentativa e erro do que por preparação formal e orientada. Pare um minuto e responda: você empreendeu por tentativa e erro ou formou-se para isso? Tenho a sensação de que há grande chance de que tenha sido por tentativa e erro.

No entanto, em países em desenvolvimento como o Brasil, essa lacuna na educação pode ser ainda mais profunda, ampliada por uma série de fatores socioeconômicos e educacionais. Tudo porque o Brasil, apesar de sua riqueza cultural e recursos naturais, é palco de uma das maiores desigualdades sociais do mundo.[11] E essa desigualdade se manifesta em muitas áreas, mas é particularmente evidente no acesso à educação. Ela cria uma barreira, de modo que muitos potenciais empreendedores

---

11 FERNANDES, D. Quatro dados que mostram por que Brasil é um dos países mais desiguais do mundo, segundo relatório. **BBC News Brasil**. 2021. Disponível em: https://www.bbc.com/portuguese/brasil-59557761. Acesso em: 17 nov. 2023.

de comunidades menos favorecidas não têm as mesmas oportunidades ou recursos para desenvolver habilidades empreendedoras ou acessar redes de contatos valiosas.

O sistema educacional brasileiro enfrenta diversos desafios, desde a infraestrutura inadequada até currículos que nem sempre estão alinhados com as necessidades do mercado de trabalho moderno. A educação empreendedora, em particular, muitas vezes é negligenciada. E embora existam instituições de ensino superior que ofereçam cursos de empreendedorismo, essas oportunidades tendem a estar concentradas em áreas urbanas e são, muitas vezes, inacessíveis para a maior parte da população.

Outro ponto é que o acesso ao capital é uma barreira significativa para empreendedores em todo o mundo. No Brasil, essa questão é exacerbada. Instituições financeiras podem ser relutantes em emprestar para startups e pequenas empresas devido ao risco percebido. Além disso, o país, por vezes, apresenta taxas de juros elevadas, tornando o financiamento ainda mais desafiador. Sem capital adequado, muitos empreendedores não conseguem nem começar, muito menos prosperar.

Já se pensarmos no cenário global, muitos países desenvolvidos têm investido mais pesadamente na integração da educação empreendedora em seus sistemas educacionais. São países que reconhecem a importância do empreendedorismo para a inovação e crescimento econômico e, assim, têm infraestruturas mais robustas para apoiar *startups* e pequenas empresas.

Apesar desses desafios, a era digital oferece uma luz no fim do túnel. A globalização e a digitalização estão começando a nivelar o campo de jogo. Cursos on-line, webinars e plataformas de financiamento coletivo são apenas alguns dos recursos que estão tornando a educação e o financiamento mais acessíveis a empreendedores brasileiros.

Não posso deixar de apontar também a influência das plataformas de mídia social e tecnologia digital no empreendedorismo moderno. Vivemos na era do empreendedorismo digital em que essas plataformas e os avanços tecnológicos redefiniram o modo como os negócios são conduzidos. Redes sociais, como Instagram, LinkedIn e TikTok oferecem vitrines para as marcas e empresas se destacarem, alavancando visibilidade e engajamento. Além disso, a tecnologia proporcionou ferramentas que simplificam processos, otimizam a gestão e possibilitam a análise precisa de dados.

Quando usadas com estratégia, essas plataformas podem contribuir decisivamente, permitindo networking, capacitação por meio de cursos on-line, acesso a mercados globais e feedback em tempo real. A chave, aqui, é que é preciso equilibrar o uso das ferramentas e estar ciente de suas armadilhas para que possa utilizá-las como aliadas, não como determinantes do sucesso. Combinado?

Nesse sentido, vejo algumas vantagens que podem inspirar você:

- **Acessibilidade ao mercado**. As mídias sociais tornaram muito mais fácil para as marcas alcançarem o seu público-alvo. Com uma estratégia eficaz de marketing digital, um negócio pode chegar a milhares, senão milhões, de potenciais clientes a um custo relativamente baixo.
- **Feedback direto**. O empreendedorismo moderno beneficia-se da capacidade de receber feedback instantâneo dos clientes. As redes sociais oferecem um canal direto para compreender necessidades, desejos e insatisfações do cliente. Use isso!
- **Facilitação da colaboração**. As ferramentas digitais, como plataformas de comunicação e software de gerenciamento de projetos, permitem uma colaboração mais eficaz entre equipes, independentemente de sua localização geográfica. Não existem mais barreiras.

Sendo assim, para fecharmos, não posso deixar de pontuar que todas essas ferramentas oferecem oportunidades sem precedentes para alcançar e atender a um público global. Se a chave do empreendedorismo moderno é a adaptabilidade, e estamos vivendo em um ambiente em constante evolução, a capacidade de aprender, ajustar e inovar é mais valiosa do que nunca. Os que conseguem navegar habilmente nas águas digitais, reconhecendo tanto as oportunidades quanto os obstáculos, são os que estão mais bem posicionados para prosperar no cenário empresarial moderno.

Por isso, agora que já tem as ferramentas para expandir a sua mente, convido você a avançar comigo para a próxima etapa de nossa jornada: falaremos sobre o início da solução e tudo o que você precisa construir para alavancar o seu negócio.

3

ACELERE OS SEUS RESULTADOS

A PARTIR DE AGORA, A NOSSA JORNADA MUDARÁ DE RUMO.
Como um barco que navega em alto-mar, deixaremos de falar sobre as tempestades e tormentas e passaremos a olhar a bússola para saber o caminho que precisa ser percorrido até chegar à calmaria. Com isso, quero apresentar o início da jornada de transformação pela qual você passará para que acelere os seus resultados e possa cascatear o desenvolvimento que acontecerá em sua vida pessoal, levando isso ao seu negócio, para conseguir mais possibilidades de escala, de investimentos e crescimento. Chegou a hora de falarmos sobre o início da solução dos problemas que você vive hoje. E acredite: tenho certeza de que muitas fichas cairão em sua vida desta página em diante e você aplicará tudo o que verá aqui.

Flávio Augusto diz que "o sucesso é uma ciência exata que todos podem aprender. Primeiro aprender a ser, para depois fazer e por consequência ter".[12] Eu não poderia concordar mais. Para que possa explicar a minha percepção a partir dos conceitos que criei e que podem ajudar você a desenvolver essa ciência em sua vida, quero começar explicando sobre a tríade da excelência.

---

12 SILVA, F. A. **Geração de valor**. São Paulo: Buzz, 2020.

Ao estudar sobre a jornada empreendedora como um todo, passando pela minha própria trajetória, percebi a existência de três conceitos fundamentais que fazem parte da vida do empreendedor e devem estar bem claros para que os negócios possam decolar. São eles: **indignação**, **essência** e **propósito**. Veja o esquema a seguir.

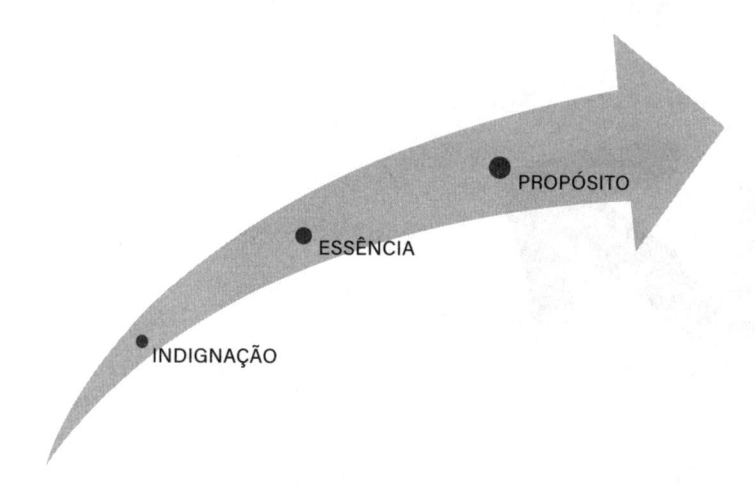

Muitas vezes, os empreendedores encontram motivação para iniciar um negócio a partir de uma profunda **indignação**. É um sentimento que pode surgir a partir de algo que aconteceu em sua própria história, algum buraco ou dor que existia no mercado e que precisava ser atendido, ou até mesmo a indignação de não ver mudanças que seguem em direção a um mundo melhor. A indignação fala sobre uma paixão e um comprometimento que impulsionam o empreendedor, pois ele está determinado a transformar essa indignação em uma força positiva.

A verdade, entretanto, é que, para transformar essa energia em algo verdadeiramente significativo, é crucial olhar para a **essência**. Cada um possui uma essência e deve conhecer a si mesmo para que possa se entender com assertividade. É preciso olhar para o que nos motiva e nos inspira, pois é a partir da nossa essência que podemos traduzir os nossos valores, crenças e a visão única que temos em um negócio que fará sucesso.

Por fim, se temos a **indignação** e a **essência**, quando combinadas, temos no empreendedor alguém que descobriu o seu **propósito**. Ter um propósito claro é como dar vida a um grande porquê, uma missão que transcende os lucros e que se conecta profundamente com a realidade que o motivou a começar. Negócios com propósito têm um impacto mais profundo e duradouro, atraindo clientes fiéis, inspirando equipes comprometidas e, por fim, prosperando não apenas financeiramente, mas também em termos de significado e contribuição para o mundo.

A tríade da excelência fala justamente sobre isso: sobre esse encontro de faces (indignação, essência e propósito) que leva o empreendedor a ter clareza sobre si para que possa desvendar o caminho que leva ao sucesso. E esse será o nosso ponto de partida. Não se esqueça: a indignação é a faísca que acende a essência do nosso propósito, transformando-a em ação.

COMECE PELOS PILARES DO PLANEJAMENTO

Fazendo uma analogia do mundo dos negócios com o mundo esportivo, você já parou para pensar que as medalhas são conquistadas nos treinos, no dia a dia, na constância de fazer o que precisa ser feito para mudar? Ao chegar em uma competição, apenas buscamos as medalhas que treinamos para ganhar, pois o caminho percorrido é o que representa as verdadeiras medalhas que conquistamos.

Se o verdadeiro resultado está no percurso, o planejamento é fundamental para que você não falhe logo na largada. Uma frase amplamente divulgada diz que "se você falha em planejar, está planejando falhar". Quero que você absorva os conceitos básicos e essenciais que iniciam o planejamento de um negócio bem-sucedido. Falaremos sobre alguns agora.

PRODUTO, SERVIÇO E VENDA

Esses são os pilares fundamentais de qualquer empreendimento empresarial. Produtos ou serviços, a partir de seu valor único, são fatores que determinam o sucesso de um negócio. Porém, de nada adianta ter um bom produto ou serviço se você não vender. Concorda? Sem vendas não temos resultados, faturamento nem crescimento.

Cuide para que você tenha o melhor produto ou serviço do mercado e entenda, desde já, que vender mais é ter margem e lucro para que você possa crescer e escalar. Mais adiante, falaremos sobre vendas detalhadamente, porém quero que você já guarde esse conceito.

AMBIENTE E NETWORKING

Você é moldado por tudo que está ao seu redor e tudo o que faz. O que come, com quem fala e com quem convive. A ambiência desempenha um papel significativo em sua formação, pode influenciar as suas ações e até mesmo a maneira como você pensa. Saiba, portanto, que cuidar do ambiente é cuidar também do seu patrimônio, uma vez que os seus resultados são diretamente influenciados pelos ambientes que frequenta.

Além disso, somos moldados por conexões humanas, e um CPF vale muito mais do que um CNPJ. Aqui está o networking! Ele representa as conexões verdadeiras e as trocas que fazemos (ou precisamos fazer) com as pessoas. Por isso, tenha muito clara a importância dos relacionamentos sólidos e da construção de uma rede de contatos estratégicos, pois tudo isso desempenha papel fundamental no crescimento e no sucesso do seu negócio.

MARGEM, ESCALA E RECORRÊNCIA

Negócios que não cuidam de margem, escala e recorrência não estão cuidando do próprio desenvolvimento. De que adianta jogar o preço lá embaixo pensando que venderá mais se queimará a sua margem e a possibilidade de crescimento? De que adianta pensar o oposto, jogar o preço lá no alto se o seu produto ou serviço não vale isso e você não poderá escalar? De que adianta vender muitos produtos um a um se não está analisando a possibilidade de escalabilidade com custos fixos?

Enquanto a margem garante que você está lucrando com o seu produto ou serviço, a escala fala sobre a importância de criar meios para que essas vendas sejam maiores e exponenciais. Entretanto, não basta ter margem e escalar, você precisa pensar como pode gerar recorrência em seu faturamento para que ele seja ascendente. Percebe qual é a lógica? Cuidar desses pilares é cuidar do todo.

EXISTE ALGUÉM QUE PODE ILUMINAR A SUA JORNADA

Existe algo ainda mais fundamental que não posso deixar de mencionar quando o assunto é acelerar os resultados.

Muitas vezes, procrastinamos, postergamos e deixamos de nos capacitar. Evitamos pedir ajuda a especialistas e ficamos imersos nos processos internos das nossas empresas quando deveríamos estar sempre nos capacitando e nos desenvolvendo para que não haja estagnação. E é fácil entender por que muitos empreendedores têm um forte desejo de autossuficiência. Afinal, empreender é, por definição, uma jornada de autoconfiança e determinação. No entanto, quando o desejo de independência se transforma em relutância na busca de ajuda ou de aceitar conselhos, ele pode se tornar um grande inimigo do progresso.

Então por que não encurtar esse caminho? Por que não pensar em uma maneira de fazer isso economizando muito em termos de tempo e dinheiro? Demorei um tempo para entender isso mas, quando abri a minha mente para essa questão, a minha vida e os meus negócios mudaram completamente. Assim, chegou o momento de falarmos sobre os mentores.

No capítulo anterior, ao falarmos sobre a história do Flávio Augusto, mencionei que ele é um de meus mentores. Com muita experiência na área, Flávio já me ajudou de diversas maneiras quando eu achava que não tinha ferramentas para superar determinados obstáculos. Ele fez toda a diferença em minha jornada empreendedora! Outros ótimos exemplos de mentores, que tenho até hoje, são: João Kepler, CEO da Bossa Invest e maior investidor anjo da América Latina – com quem não só aprendi sobre a nova economia e o jogo do *equity* e das startups, como passei a ser sócio e líder do *pool* de investimentos em startups Fórum Negócios, com mais de 3 milhões de reais aportados e cinco startups investidas –; Carlos Busch; Thiago Nigro; Caíto Maia; entre outros grandes parceiros e professores.

Por isso, tendo em mente a infinidade de fontes de informação disponíveis, o papel de um mentor nunca foi tão crucial. Um bom mentor não apenas fornece orientação e conselhos baseados em experiência, como também ajuda a filtrar o ruído que pode estar fazendo algum tipo de interferência em seu processo de crescimento. Eles oferecem uma perspectiva externa, ajudando a identificar as informações mais relevantes e aplicáveis.

O mentor conhece o caminho porque já passou pelos mesmos desafios e pode ajudar você a evitar armadilhas comuns. E isso é inestimável. Para empreendedores, portanto, ter mentores ao lado se torna ainda mais essencial, pois as decisões de negócios muitas vezes dependem de informações corretas e de rapidez. E a verdade é que você quer navegar com sucesso nesse oceano de informações e garantir que seu empreendimento prospere no ambiente digital moderno, certo? Então chegou a hora de se conectar com quem realmente importa. Os benefícios serão: economia de tempo e de dinheiro, perspectiva externa com insights valiosos e visionários e networking diferenciado. Não há nada a perder!

CHEGOU A HORA DE ACELERAR!

Agora que você já sabe sobre a tríade da excelência, os pilares do planejamento e entendeu a importância de ter um mentor ao seu lado para que possa trilhar essa jornada com mais assertividade, chegou a hora de fazermos um exercício completo que falará sobre todos esses pontos. Vamos lá!

PARTE 1 – TRÍADE DA EXCELÊNCIA

1 Pare um momento, feche os olhos e escreva, a seguir, quais são as suas maiores indignações. Elas podem estar relacionadas ao seu negócio ou não.

_____

_____

_____

_____

2 Agora defina, de modo resumido mas ao mesmo tempo completo e direto: quem é você? Como enxerga a sua essência?

_____

_____

_____

_____

_____

3 Dinâmica do propósito.
Aqui, quero que você faça uma declaração de propósito. Começaremos então com algumas perguntas que vão ajudar a guiar esse processo. Separe alguns minutos para refletir e utilize o espaço abaixo para responder.

- O que eu realmente gostaria de ser e fazer da minha vida?
- Quais são os meus principais pontos fortes?
- Como quero ser lembrado?
- Quais foram os momentos mais felizes da minha vida?

- O que eu faria se tivesse tempo e recursos infinitos?
- Se tivesse que escolher uma única coisa na minha vida profissional para continuar fazendo que causasse o impacto mais positivo, o que seria?
- Quais são as três ou quatro coisas mais importantes para mim?
- Qual é a melhor contribuição que eu posso fazer ao mundo?

_____

_____

_____

_____

_____

Agora, imagine-se no futuro. Visualize o fim da sua jornada. Você está cercado de parentes, amigos e colegas cujas vidas afetou. Um a um, eles se inclinam para sussurrar suas últimas palavras para você.

- O que cada um sussurraria?
- Qual diferença você fez na vida deles?
- Por quais qualidades ou características você será lembrado?
- Qual sua contribuição notável eles mencionariam?

_____

_____

_____

_____

Pensando sobre essas respostas, faça agora uma declaração do seu propósito. Escreva com as suas palavras o que é importante para você e o que colocará em seu caminho a partir de agora, como propósito em sua vida.

_____

_____

_____

_____

A INTERSECÇÃO

4 Pense em suas atribuições hoje. Agora pense nos talentos que você tem. Anote, abaixo, dividindo atribuições e talentos em listas diferentes e analise se os seus talentos condizem com as suas atribuições.

ATRIBUIÇÕES	TALENTOS

TALENTOS *VERSUS* ATRIBUIÇÕES:
(O que existe em comum entre essas duas áreas?)

5 Agora, faça uma avaliação: o que faria para o resto da vida se pudesse escolher? Isso está relacionado às suas tarefas e atribuições? Se sim ou se não, deixe anotado aqui para que possa refletir sobre o assunto.

_____

_____

_____

_____

6 Em relação às respostas anteriores, sobre suas atribuições e talentos, existe algo que você poderia ou gostaria de mudar a partir de agora? Reflita e anote.

_____

_____

_____

_____

PARTE 2 – OS PILARES DO PLANEJAMENTO

PRODUTO, SERVIÇO E VENDAS

1 Chegou a hora de pensar sobre o seu negócio. Descreva, nas linhas abaixo, o que você oferece. Qual é a dor que o seu produto ou serviço resolve?

_____

_____

_____

2 Agora, anote como o seu cliente compra de você, ou seja, quero que descreva como é o processo de vendas da sua empresa hoje. Quais são os canais? Como o cliente chega até você? Por quais etapas ele precisa passar para efetivar a compra? Anote tudo.

_____

_____

_____

3 Pense e escreva se existe alguma maneira de melhorar a experiência do seu cliente. Sempre podemos melhorar algo! Como você pode fazer isso? Como você pode vender mais?

_____

_____

_____

4 Por fim, se o seu cliente tem uma dor e você é o detentor da fórmula mágica que eliminará essa dor, o que você pode oferecer para que essa experiência seja impecável?

_____

_____

_____

_____

AMBIENTE E NETWORKING

5 Pense sobre os ambientes que frequenta e como eles moldam a sua vida. Pense também sobre o networking que você tem feito nos últimos tempos. Pense nos mentores que você gostaria de ter. A partir dessas reflexões, anote três atitudes e mudanças que tomará nos próximos vinte dias para que essa área de sua vida seja mais coerente aos resultados que você quer para o seu negócio.

Primeira atitude:

_____

_____

Segunda atitude:

_____

_____

Terceira atitude:

_____

_____

MARGEM, ESCALA E RECORRÊNCIA

6 Analisando o que vimos sobre margem, escala e recorrência, quero que você dê uma pontuação de 0 a 5 para cada uma dessas áreas. Depois, quero que anote ideias e insights que podem ser ajustados em sua empresa para que melhore esses pilares de planejamento.

Margem: _____ pontos.
Escala: _____ pontos.
Recorrência: _____ pontos.
Meus insights e ideias:

_____

_____

_____

PARTE 3 - METAS MARTE

Para fecharmos esta etapa prática, quero que você desenvolva a sua meta MARTE, ou seja, aquela que guiará a sua jornada empreendedora a partir de agora.

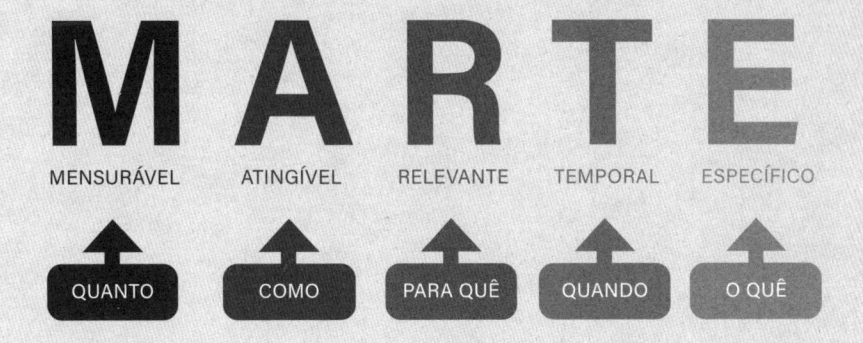

De nada adianta ter objetivos se você não tem metas. E vou além: para que essas metas sejam factíveis, elas precisam ser mensuráveis, atingíveis, relevantes, temporais e específicas. Por isso, temos o acrônimo MARTE! Em outras palavras, as metas falam também sobre quanto, como, para quê, quando e o que será feito. É uma ótima maneira de definir o caminho que você percorrerá a partir de agora e o crescimento que deseja ver em seu negócio.

Por isso, com essa ferramenta em mãos, quero que você faça o primeiro esboço de sua meta. Deixarei alguns exemplos para que você possa se guiar:

1. Aumentar as vendas do meu serviço X em 15% até agosto do próximo ano.
2. Diminuir os custos fixos da minha empresa em 5% até o fim deste ano.
3. Dobrar o meu faturamento e a minha geração de caixa nos próximos 3 anos.

A minha meta é:

_____

_____

_____

_____

_____

Agora, você está pronto para a próxima etapa! A partir da finalização do exercício, passaremos para o próximo passo em que falaremos sobre gestão de pessoas – um pilar fundamental para que você esteja mais perto de um negócio que cresce e prospera.

4

GESTÃO DE PESSOAS

EXISTE UM VELHO DITADO QUE DIZ: "SOZINHO VOCÊ PODE chegar rápido. Acompanhado, chega longe". Também já ouvi outras versões que diziam: "Quem caminha sozinho pode até chegar mais rápido, mas aquele que vai acompanhado, com certeza, vai mais longe". Entre uma opção e outra, o fato é que somente o trabalho em equipe faz com que você ganhe uma guerra. Apenas com um time comprometido e uma causa central temos a possibilidade de mudar o negócio e, em consequência, impactar o mundo. Somente olhando para o coração de uma empresa é que você construirá os resultados que tanto deseja. E as pessoas estão no centro desse processo.

Por isso, para alcançar grandes metas, é preciso cuidar da gestão de pessoas. Seja para ter um resultado extraordinário, elaborar a construção de um projeto dos sonhos ou até mesmo quando falamos sobre o nível empresarial de uma companhia, comunicar e convencer o seu time a caminhar ao seu lado, comprar o seu plano e remar junto com você rumo ao tão sonhado e desejado objetivo traçado são partes importantes quando queremos resultados.

Arne Sorenson, presidente e CEO da Marriott International, ao prefaciar o livro *A mente do líder extraordinário*, traz uma reflexão poderosa sobre o verdadeiro valor que as pessoas têm em uma companhia.

O Marriott foi fundado em 1927, em Washington, DC, como um quiosque de cerveja com nove assentos que adicionou comidas quentes ao cardápio quando o inverno chegou. Em seguida, o negócio se expandiu para um único hotel e depois para a maior rede hoteleira do mundo. Alguns anos após J. W. e Alice Marriott fundarem seu empreendimento, ocorreu a Grande Depressão, colocando todos os negócios e trabalhadores americanos sob pressão. Como J. W. e Alice reagiram? Eles incluíram um médico no quadro de funcionários para garantir que seus empregados tivessem acompanhamento de saúde.

Por quê? Bem, eles se importavam com seus funcionários, claro. Mas eles também queriam uma força de trabalho confiável, saudável e bem-cuidada. Eles acreditavam que, se seus funcionários tivessem acesso a um bom tratamento médico, teriam mais condições de fornecer o nível de serviço desejado aos clientes.

Colocar as pessoas em primeiro lugar sempre foi a pedra fundamental do nosso sucesso. Acreditamos que, se tomarmos conta de nosso pessoal, nosso pessoal tomará conta de nossos clientes, e o negócio tomará conta de si mesmo.[13]

Essa é a gestão de pessoas! É colocar as pessoas em primeiro lugar para que elas possam tomar conta de todas as pontas do negócio. E olhar para esse fator é entender que o capital humano da empresa é importante a partir do momento que ele concilia os objetivos dos colaboradores com as metas da corporação. Para que isso aconteça com assertividade, refiro-me não apenas ao time, mas à liderança, aos valores e tudo o que envolve ter – e cuidar – de pessoas para que elas estejam ao seu lado durante esse percurso de conquista de resultados.

Toda empresa ou organização é movida por pessoas. Sempre digo, e já mencionei antes, que o CPF é mais importante do que o CNPJ, e este, por sua vez, é movido por um conjunto de pessoas. Portanto, seja qual for o seu meio de atuação, a base das engrenagens de sucesso que movem os negócios está em uma boa gestão de pessoas.

Pense comigo: se todo negócio surge a partir de uma ideia que nasce na cabeça de um empreendedor (geralmente o fundador), sob a liderança do fundador a empresa precisa ser uma união de processos e atitudes rumo à conquista de objetivos. E grandes projetos precisam de liderança e comunicação. Para grandes metas, você precisará primeiro

---

13 HOUGAARD, R.; CARTER, J. **A mente do líder extraordinário**. São Paulo: Universo dos Livros, 2021. E-book.

de objetivos. Com esses objetivos, você parte para o próximo passo, que é comunicar e conseguir alianças certas com as pessoas para que elas estejam dispostas a abraçar o seu objetivo.

Quem são as pessoas que estarão no seu barco, remando ao seu lado? Quem você precisa ter ao seu lado neste momento? Quais habilidades você precisa desenvolver? Quais devem ser as suas atitudes determinantes? Quais planos de ação você precisa traçar a partir de agora? Qual é o seu tipo de liderança? Quais valores você está passando adiante? Como está cuidando dessa organização pensando no capital humano?

Essas são as primeiras reflexões acerca do tema gestão de pessoas e começaremos falando sobre a liderança por aqui: "Nem sempre é fácil, mas eu sei a diferença de quando estou presente com minha equipe e quando não estou. Só exerço impacto quando estou com eles".[14]

LIDERANÇA

Rasmus Hougaard e Jacqueline Carter trazem uma linha de pensamento que abre muito bem a nossa jornada falando sobre liderança: "As pessoas da empresa – assim como na sua empresa – não se motivam mais por ser um número em uma tabela de avaliação. Em vez disso, a força de trabalho de hoje busca cada vez mais por significado, interação humana, felicidade verdadeira e um desejo de contribuir positivamente para o mundo". E completa com uma reflexão a partir de uma entrevista com Javier Pladevall, CEO da Audi e Volkswagen na Espanha: "Liderança hoje se trata de desaprender gerenciamento e reaprender a ser humano".[15]

Precisamos reaprender a nos relacionar como seres humanos para que possamos exercer o nosso papel como bons líderes. Assim, seremos lideranças mais fortes e comunicativas. Atuaremos na expansão da nossa mentalidade, da nossa consciência e, com isso, seguiremos com um perfil de escuta ativa e aprendizado contínuo. Isso é ter um papel que segue em direção ao crescimento.

Líderes que adotam uma mentalidade de crescimento são mais eficazes em comunicar e engajar as suas equipes do que aqueles que mantêm uma mentalidade fixa. E pensando sobre esse pilar, quero trazer algumas verdades referentes ao senso comum em relação à liderança para que você possa clarear a sua visão acerca do tema.

---

14 HOUGAARD; CARTER, 2021.

15 *Ibidem.*

"O LÍDER É SEGUIDO. O CHEFE É OBEDECIDO."

Saber e entender a distinção entre líder e chefe é crucial. Enquanto um chefe dá ordens e espera obediência, um líder inspira, motiva e guia. O chefe se baseia na autoridade, o líder, no respeito. O chefe diz "vá!", o líder diz "vamos!". Você pode até ser um chefe que caminha buscando ser um líder, entretanto jamais será um líder com perfil de chefe. O líder vai além! E essa é a inspiração que você deve buscar para si mesmo.

"O BOM LÍDER É AQUELE CUJOS COLABORADORES E SEGUIDORES OLHAM E PENSAM: *EU ESTAREI MELHOR COM ELE DO QUE SOZINHO*."

Uma liderança autêntica é construída a partir da confiança e da capacidade de criar um ambiente em que os membros da equipe sentem que estão sendo valorizados, apoiados e incentivados a crescer. Quando um colaborador sente que o líder se preocupa genuinamente com o seu bem-estar e desenvolvimento profissional, ele se sente mais comprometido, engajado e produtivo.

"LIDERANÇA É AUMENTAR O RETORNO SOBRE O INVESTIMENTO DA FOLHA DE PAGAMENTO."

Empresas com líderes eficazes têm resultados superiores comparadas àquelas que não têm. Liderar é mais do que apenas gerenciar; é inspirar, inovar e investir nas pessoas para que elas possam dar o melhor de si.

"EMPRESAS SÃO RESULTADOS DE PROCESSOS E PROCESSOS SÃO RESULTADOS DE PESSOAS."

Por trás de cada processo bem-sucedido, há uma equipe dedicada e bem-liderada. Uma empresa não pode funcionar com eficiência sem processos robustos, e estes não podem ser implementados sem pessoas capacitadas e motivadas.

"A EMPRESA É O REFLEXO DO DONO."

Assim como um espelho reflete a imagem que está a sua frente, uma empresa reflete a visão, os valores e a mentalidade de seu líder. Se um líder é ético, inovador e proativo, a empresa provavelmente terá essas qualidades também. Foque o que é certo, foque o que é necessário para crescer. E assim serão os seus resultados.

Quero que guarde esses insights e comece a mudar algumas atitudes em relação à liderança porque, para avançarmos, temos que reconhecer, em outra análise, que a liderança está relacionada à cultura. Então, se liderar é fazer com que o seu time compreenda a cultura da empresa, a cultura, por outro lado, é o que diferencia uma empresa da outra. É como se fosse o DNA corporativo.

Por isso, para que uma equipe opere de maneira eficaz e coesa, é imperativo que todos compreendam, aceitem e vivam a cultura da empresa. E o líder tem responsabilidade em relação a isso. Não apenas de comunicar essa cultura, mas também de ser o **principal defensor e o exemplo** dela.

Veremos a partir de agora os sete pilares que permeiam uma boa liderança, surgidos a partir da inspiração do livro de John Mattone, *O líder inteligente*.[16]

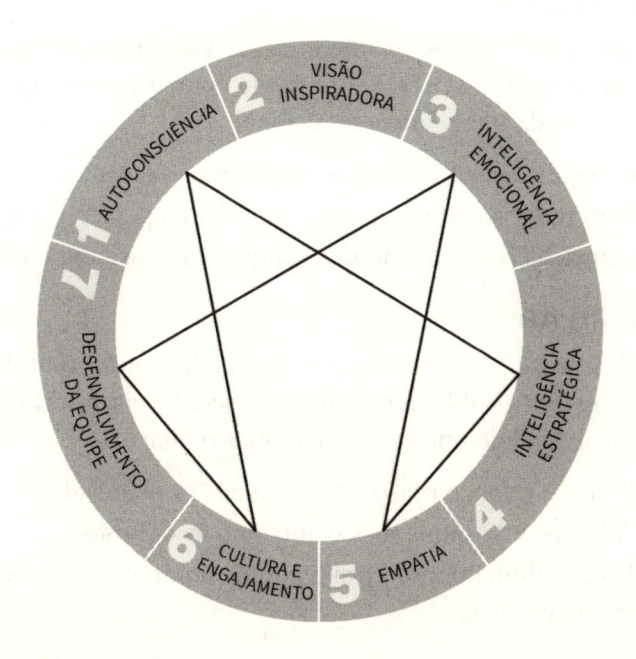

PRIMEIRO PILAR

A verdadeira excelência da liderança começa de dentro para fora. É necessário coragem, vulnerabilidade e ousadia. O líder precisa ser autoconsciente e, para isso, deve:

1. Compreender as próprias forças, fraquezas e valores.
2. Reconhecer como o seu comportamento impacta a equipe.
3. Buscar constante desenvolvimento pessoal.

---

16 MATTONE, J. **O líder inteligente**. São Paulo: Benvirá, 2021.

SEGUNDO PILAR

Líderes devem trabalhar para encontrar a sua luz interior e fazer com que ela brilhe em todas as dimensões da sua vida. E como você pode fazer isso? A partir de uma visão inspiradora. Deixarei três insights que ajudarão nesse processo.

1. Crie uma visão clara e inspiradora para a equipe.
2. Comunique essa visão de modo apaixonado e envolvente.
3. Motive a equipe a trabalhar em direção aos objetivos compartilhados.

TERCEIRO PILAR

Você precisa vestir o manto da liderança! E isso é algo que todos podem fazer. Então, priorize o senso de obrigação com as pessoas que estão ao seu lado a partir da inteligência emocional.

1. Gerencie as suas próprias emoções e reações.
2. Desenvolva a empatia para entender e apoiar a equipe.
3. Construa relacionamentos sólidos com base em confiança.

QUARTO PILAR

Uma boa liderança requer mais do que o poder intelectual. Ela requer inteligência estratégica! Para isso, deixo, a seguir, os três principais fatores para que a sua liderança alcance o quarto pilar.

1. Pense em longo prazo e tome decisões planejadas.
2. Adapte-se às mudanças e antecipe os desafios.
3. Faça o alinhamento da sua equipe a partir da estratégia global da organização.

QUINTO PILAR

Ser empático é indispensável para se tornar um bom líder. E isso está diretamente conectado à comunicação impactante.

1. Desenvolva habilidades de comunicação claras e persuasivas.
2. Escute ativamente e responda a partir das necessidades da equipe.
3. Crie um ambiente aberto para a troca de ideias e feedback.

SEXTO PILAR

Líderes despreparados se deixam levar por visões grandiosas. Por isso, não deixe que essas promessas fáceis ou essas visões grandiosas subam à cabeça. Você também é humano e precisa cuidar da cultura e do engajamento com o seu time.

1. Crie uma cultura organizacional baseada em valores compartilhados.
2. Envolva a equipe e promova um ambiente de trabalho positivo.
3. Reconheça e recompense o time a partir das contribuições individuais.

SÉTIMO PILAR

Ser líder é ter um trabalho profundo, no coração e na alma. Um bom líder olha para si mesmo e se desenvolve, mas ele também cuida do desenvolvimento da equipe.

1. Identifique as habilidades e o potencial de cada membro do time.
2. Forneça oportunidades de crescimento e aprendizado contínuo.
3. Empodere a equipe para alcançar autonomia e responsabilidade.

Ao cuidar desses pilares, você estará focado em desenvolver uma equipe de alta performance a partir do desenvolvimento da liderança, com uma cultura sólida, que privilegia o planejamento estratégico e a maximização do potencial de cada um. É uma mola propulsora de desempenho individual e coletivo. É o caminho a ser percorrido!

VALORES

O que diferencia uma organização de sucesso das demais? Temos estratégia, inovação, eficiência operacional, resultados e muitos outros fatores importantes. Porém, existe algo mais profundo e intangível que permeia a essência de uma empresa: os valores.

Eles moldam a cultura e estão diretamente relacionados à gestão de pessoas, uma vez que entram no escopo do capital humano do seu negócio. São os princípios fundamentais que moldam a sua cultura, orientam as ações e definem a identidade. Em uma analogia simples, poderíamos falar que os valores são como uma bússola moral que orienta a direção seguida por uma organização, influenciando tudo o que tange esse negócio como a interação dos funcionários entre si, com os clientes, parceiros e com a comunidade em geral. Os valores determinam o que você faz hoje e **como** o faz.

Estimular o alinhamento de valores em uma empresa é fundamental para impulsionar o desempenho individual e coletivo. Portanto, elenquei, a seguir, seis passos que precisam ser seguidos quando o assunto é alinhamento de valores no desempenho individual e coletivo.

1. VALORES CLAROS

Você pode começar definindo os valores essenciais da sua empresa. Depois de finalizar essa tarefa, deve comunicar isso de modo claro e envolvente para todos os funcionários.

2. *FIT* CULTURAL

Durante o processo de recrutamento, quero que avalie se os candidatos se alinham com os valores da empresa. Isso contribuirá para a criação de uma equipe coesa que segue em direção a um mesmo propósito.

3. LIDERANÇA É O EXEMPLO

Os líderes devem ser modelos dos valores da empresa. E aqui estou falando em todos os níveis de gestão, incluindo o fundador. Ou seja, a liderança, o seu comportamento e o tom devem refletir os valores que ficaram definidos anteriormente.

4. CONSTÂNCIA

É importante que você mantenha uma comunicação regular com o time a respeito dos valores para que isso esteja sempre muito claro e "fresco" na cabeça de todos. Falar sobre esses valores é como "educar" todos que estão ao seu redor de modo que traduzam isso em ações diárias.

5. RECOMPENSAR E RECONHECER

Estabeleça sistemas de recompensas que reconheçam aqueles que exemplificam os valores da empresa em suas atividades. Isso será importantíssimo para que as pessoas percebam que existe gratificação para o que é feito dentro dos objetivos internos.

6. AVALIE

A avaliação de desempenho periódica é fundamental para que você saiba para onde e como está caminhando com o seu negócio. Essa avaliação pode ser feita por meio de um feedback 360º ou até mesmo algum tipo de questionário específico como o Net Promoter Score (NPS), que é uma métrica de satisfação interna e externa. Quando considerar a avaliação de desempenho, faça essa análise também pautada nos valores que foram definidos. Isso incentivará os seus colaboradores a alinharem os seus esforços com a cultura que está sendo criada.

Ter valores bem definidos é fundamental para que o seu negócio esteja caminhando com os direcionamentos corretos, com foco em resultados. Separe um tempo e coloque tudo isso em prática!

A IMPORTÂNCIA DOS FEEDBACKS

Quando o assunto é gestão de pessoas, não posso deixar de mencionar os feedbacks. Eles são cruciais para o desenvolvimento pessoal e corporativo. Podem ser coletivos ou *one by one*, de líder para liderado, de liderado para líder e tantos outros modelos, porém, a verdade é que não há uma regra específica nem receita pronta de bolo, mas você deve sempre se lembrar de uma regra:

Elogie em público e, se necessário, critique em privado. Não gostamos de ser criticados publicamente, porém adoramos receber elogios ao lado de outras pessoas. Se cuidar disso, você será assertivo e seguirá o melhor caminho possível.

Contudo, vale salientar também que, em alguns momentos, o feedback coletivo será necessário, principalmente quando você precisa passar uma mensagem para todo o time ou corrigir algo que pode ser um exemplo para toda a organização. Nesses casos, a correção pública, se for bem planejada e não for ofensiva, pode ser feita em público para que todos possam acompanhar e tomar como exemplo de modo que não se torne um erro recorrente dentro da organização.

Veja, a seguir, alguns direcionamentos para feedback coletivo e individual.

FEEDBACK COLETIVO

1. ESCOLHA O MOMENTO ADEQUADO

Selecione momentos apropriados, como reuniões em equipe ou espaços específicos para esse tipo de conversa. Isso fará com que todos estejam 100% conectados ao que será dito.

2. SEJA ESPECÍFICO E CONSTRUTIVO

Concentre-se em dar exemplos concretos de comportamento e desempenho. Quando falar sobre as falhas que aconteceram, ofereça sugestões construtivas de melhoria, dê exemplos, mostre o que pode ser melhorado e como é possível fazer isso.

3. PROMOVA A PARTICIPAÇÃO

Encoraje a participação ativa dos membros da equipe. O feedback deve ser uma conversa, não um discurso unilateral.

4. DESTAQUE AS CONQUISTAS

Reconheça as conquistas da equipe e celebre o sucesso coletivo. Não basta apenas apontar o que saiu errado. É preciso mostrar e recompensar o que deu certo.

FEEDBACK *ONE BY ONE*

1. AGENDE REUNIÕES REGULARES

Mantenha reuniões individuais regulares para discutir o progresso e as preocupações de cada funcionário. Essas reuniões precisam ter periodicidade e você pode fazer semanal, mensal ou trimestralmente, porém, é importante que não ultrapasse três meses para que você e os seus colaboradores estejam sempre buscando melhoria contínua.

2. ESCUTE ATENTAMENTE

Ouça com atenção o colaborador e demonstre empatia para compreender os seus pontos de vista. A escuta ativa é fundamental!

3. SEJA EQUILIBRADO

Ofereça elogios, quando apropriado, mas também forneça feedback construtivo de maneira respeitosa. Equilíbrio é tudo!

4. ESTABELEÇA METAS DE DESENVOLVIMENTO

Colabore com o funcionário para estabelecer metas de desenvolvimento específicas e alcançáveis. Lembra-se de quando comecei o capítulo falando que quando os colaboradores estão em desenvolvimento a empresa vai para a frente? Esse é o ponto aqui!

5. ACOMPANHE O PROGRESSO

Mantenha um registro das discussões de feedback e acompanhe o progresso ao longo do tempo. Essa ação ajudará a ter direcionamento e ver tudo o que mudou desde que os feedbacks foram implementados.

Por fim, lembre-se de que o feedback deve ser uma ferramenta para o crescimento e para a melhoria contínua, tanto individual quanto coletivamente, e deve ser entregue de maneira construtiva e positiva.

A IMPORTÂNCIA DO ORGANOGRAMA

Em uma era de informações rápidas e processos complexos, a clareza organizacional tornou-se mais vital do que nunca. É aqui que o organograma entra em jogo. Em uma explicação simples, podemos dizer que ele é uma representação gráfica da estrutura de uma empresa, mas não apenas um esquema simplório; é uma ferramenta poderosa que desempenha um papel central na gestão e no planejamento estratégico.

Entre os seus objetivos e propósitos, temos:

1. CLAREZA

É uma estrutura funcional necessária, pois proporciona visão clara de como uma empresa está estruturada. Ao visualizar os diferentes departamentos e suas respectivas relações, torna-se evidente em quais locais existem lacunas ou redundâncias, permitindo que as organizações otimizem os seus processos e operações.

2. RESPONSABILIDADE

Ao detalhar quem se reporta a quem, o organograma ajuda a eliminar ambiguidades sobre quem é responsável pelo quê. É uma clareza que não só melhora a eficiência total, como também funciona muito para estabelecer linhas claras de autoridade, garantindo que cada membro da equipe saiba a quem se dirigir em diferentes situações.

3. COLABORAÇÃO E COMUNICAÇÃO

Com uma compreensão clara da estrutura organizacional, é mais fácil para os membros da equipe identificarem com quem devem colaborar em projetos específicos. Além disso, com canais de comunicação definidos, as informações fluem mais eficientemente, reduzindo mal-entendidos e conflitos.

4. PLANEJAMENTO E DECISÕES

Os líderes podem, e devem, usar o organograma como uma ferramenta de planejamento estratégico, de modo a identificar as áreas em que é necessário expandir, fundir ou reestruturar. Tendo uma visão abrangente da organização, tomam decisões mais informadas, baseadas na realidade e nas necessidades da empresa.

5. DESENVOLVIMENTO

Com o entendimento de onde cada um se encaixa na estrutura organizacional, líderes podem identificar necessidades de treinamento, oportunidades de promoção ou recolocação. Isso ajuda a garantir que a equipe esteja sempre evoluindo e se adaptando às demandas em constante mudança do negócio.

6. VISUALIZAÇÃO

O organograma faz com que as pessoas sonhem e visualizem o crescimento. Para os membros da equipe, ele não é apenas uma representação da atualidade, é também uma janela para o potencial futuro. Ao identificar em qual patamar estão, e como podem avançar, os colaboradores conseguem visualizar a sua trajetória de carreira e encontrar motivação para buscar mais e sonhar mais alto.

Em resumo, ter um organograma estruturado não é mera formalidade ou algo a ser pendurado na parede. É um mapa vivo da organização, uma ferramenta essencial que guia, informa e inspira. Em um mundo empresarial em constante evolução, ter esse tipo de solução é **mais** do que uma vantagem, é uma **necessidade**.

Para fecharmos este capítulo e facilitar a sua compreensão, elaborei dois exercícios que podem contribuir muito no processo de criar ou adaptar o organograma da sua organização. Separe um tempo e coloque em prática!

EXERCÍCIO: ORGANOGRAMA

PARTE 1

Em um primeiro momento, para que possa entender como esse processo funciona, faça um exercício fictício. Basta seguir este passo a passo.

1. Escolha uma organização fictícia. Pode ser, por exemplo, uma empresa de tecnologia, um hospital, uma loja etc.
2. Depois, liste os principais departamentos ou funções da organização.
3. Agora, determine a hierarquia e as relações entre esses departamentos.
4. Transfira para o papel ou para o computador. Crie um diagrama ilustrando essa hierarquia.
5. Por fim, olhe para o resultado e perceba alguma área que pode ser otimizada ou na qual exista redundância.

PARTE 2

Agora chegou o momento de fazer um exercício de reflexão e projeção, cujo objetivo é promover a introspecção a respeito do potencial de crescimento dentro de uma empresa.

1. Pense sobre a sua organização.
2. Crie o organograma da sua empresa atual. Imagine, crie e desenhe esse organograma de modo que ele represente exatamente como ela é hoje (realidade).
3. Em seguida, identifique em qual posição você se vê no organograma atualmente e como gostaria de estar dentro de cinco ou dez anos;
4. Por fim, redesenhe o organograma para uma situação futura que você considere funcionar melhor do que atualmente.

Agora que finalizou a segunda parte do exercício, deixe esse organograma guardado e comece a refletir sobre um plano estratégico para que ele se transforme em realidade. É um exercício que tem como objetivo ajudar você a entender melhor o conceito e a importância dos organogramas, promovendo um aprendizado mais eficaz e uma visualização do que pode ser o futuro começando com pequenos passos que podem ser dados hoje.

Como resultado de tudo o que vimos neste capítulo, quero que imagine a gestão de pessoas como uma grande engrenagem que precisa funcionar para que você esteja mais perto da conquista dos resultados que deseja. Falamos sobre a importância das pessoas e o desenvolvimento delas, sobre a liderança e quais são os pilares de que você precisa cuidar, sobre os valores e como desenvolvê-los, e fechamos com feedbacks e organogramas. Agora você está preparado para a gestão comercial. Vejo você na próxima página!

5

GESTÃO COMERCIAL

"VENDER" É O PRINCIPAL VERBO DE TODO NEGÓCIO. SE pudesse escolher entre criar, inovar, crescer, transformar ou alavancar, ainda assim, escolheria vender. E vou além: se me perguntassem sobre qual é a área mais importante de uma empresa, responderia de imediato que é a área comercial. Vendas é o motor principal de toda e qualquer organização. É o coração que mantém o sistema de pé. Mas nem sempre pensei assim.

Mudei a minha mente e comecei a agir diferente em relação ao tema "vendas" depois de alguns tombos e muito estudo. E depois que dei a devida importância para essa etapa, a minha jornada empreendedora também se transformou. Lembro-me com muita clareza que convivia com muitas crenças limitantes que me impediam de ser um vendedor. Como jornalista, escrevia textos de economia em colunas, jornais e revistas. Isso me exigia postura de imparcialidade. Era como se fosse algo formal, muito criado pela minha mente inconsciente. Porém, a verdade é que tudo está instalado em nossa mente como um chip programado para acessar (ou não) aquela interpretação.

Concentrava 80% do meu tempo e energia no operacional dos meus negócios de comunicação e menos de 20% em vendas. Quando decidi inverter essa lógica atuando em outros negócios sob a minha responsabilidade, os meus resultados explodiram. E foram os resultados positivos de mais faturamento, mais lucro, mais liberdade, que foram quebrando as crenças do passado, impeditivas para a minha alavancagem em vendas.

Assim, vejo hoje que toda organização de sucesso precisa ter excelência em três pilares: gestão comercial, gestão administrativa e financeira e gestão de pessoas e processos. Falamos nas páginas anteriores sobre gestão de pessoas e agora entraremos em gestão comercial com foco em vendas.

Precisamos concentrar os nossos esforços em impulsionar vendas e otimizar a eficiência de nossa equipe comercial. Com metas ambiciosas, estratégias de marketing eficazes e acompanhamento constante dos indicadores-chave, é possível alcançar resultados excepcionais e conquistar uma posição de destaque em seu mercado.

Ter uma gestão comercial eficaz é dominar o conjunto de práticas e estratégias em uma empresa para administrar as suas atividades de vendas e marketing. Envolve planejamento, organização, direção e controle das operações comerciais, visando atingir metas de vendas, conquistar clientes e garantir o crescimento do negócio.

Muito provavelmente você já sabe, mas quero reforçar a definição de vender: é o processo de persuadir e convencer os clientes a adquirirem produtos ou serviços oferecidos por uma empresa. Envolve a identificação das necessidades do cliente, apresentação de soluções, negociação e fechamento da venda.

Um departamento comercial, portanto, é composto por profissionais de vendas e colaboradores que apoiam esses profissionais. As funções desse setor podem variar de acordo com o tamanho e a complexidade de cada organização, mas o conjunto de papéis dentro de um departamento de vendas completo é o mesmo. Essencialmente, um time de vendas precisa ter:

1. **Gestor de vendas (*head* ou diretor)** – responsável pela estratégia de vendas, definição de metas e supervisão de equipes;

2. **Especialista em pré-vendas (*Sales Development Representative*, SDR)** – ajuda a qualificar *leads*, fornecendo informações sobre produtos e serviços e preparando-os para a equipe de vendas;

3. **Analista de dados de vendas** – esse profissional coleta e analisa dados de vendas para identificar tendências, oportunidades e áreas de melhoria;

4. **Assistente de vendas** – oferece suporte administrativo à equipe de vendas, ajudando na organização de documentos e agendas;

5. **Especialista em pós-venda** – trabalha na satisfação pós-compra dos clientes, lidando com problemas e feedbacks.

Com isso em mente, quero que você pegue o que vimos em gestão de pessoas e comece a tentar organizar o departamento de vendas a partir desses insights. Muitos outros aparecerão aqui, mas este já é o início do que você precisa colocar em prática.

MEU UNIVERSO EM VENDAS

Ao longo da minha jornada de valor no empreendedorismo, fui aprendendo e exercitando o conhecimento adquirido sempre que possível. Considero-me um eterno aprendiz, inconformado e curioso, buscando evolução constante. Assim deverá ser, também, a sua mentalidade! Começando pelo fato de que você precisa internalizar que terá de ser um vendedor. Isso é inevitável. Se você empreende, tem empresa ou trabalha em alguma organização, ser um vendedor é imprescindível.

Pensando sobre isso e sobre o meu universo em vendas, acredito que um dos fatores principais do vendedor de sucesso é a **motivação**. Sem ela, não haverá grandes resultados. Todo grande vendedor é, acima de tudo, obstinado por resultados. Grant Cardone fala exatamente sobre a importância da obstinação no alcance das grandes metas comerciais.

Em *10X: a regra que faz a diferença entre o sucesso x fracasso*, ele argumenta que você deve definir metas que sejam dez vezes maiores do que você acha que pode alcançar e, em seguida, deve executar ações que sejam dez vezes maiores do que você acha que são necessárias.[17] Ele prega a obsessão pelo sucesso e incentiva as pessoas a abraçarem o desconforto, arriscarem mais e empurrarem os seus próprios limites para experimentarem crescimento.

Se tudo na vida é uma venda, quando você não está vendendo, está sendo vendido. Assim como Grant Cardone, acredito fortemente na autorresponsabilidade. Ninguém poderá assumir a responsabilidade pelos resultados que você obtém na vida, ou seja, você é o único responsável por isso. Existem as pessoas que arregaçam as mangas e fazem, e existem também aquelas que vivem culpando a economia, o mercado e todos os outros pelos seus fracassos. Que tipo de pessoa você quer ser? Ninguém, absolutamente ninguém, vai fazer por você o que precisa ser feito. O sucesso é a sua obrigação, sua responsabilidade.

---

17 CARDONE, G. **10x**: a regra que faz a diferença entre o sucesso × fracasso. São Paulo: Alta Books, 2019.

Já Aaron Ross, outra referência internacional, foi o responsável por minha introdução nas técnicas e conceitos mais modernos de vendas. Em *Receita previsível*, que ele escreveu ao lado de Marylou Tyler, temos conceitos indispensáveis para quem quer compreender mais sobre a venda profissional. É uma obra que defende o uso de uma combinação de estratégias de geração de *leads inbound* e *outbound*, da qual trataremos no Capítulo 8, para maximizar a receita salientando a importância de entender as necessidades e desejos dos clientes e comunicando claramente como o seu produto ou serviço pode atendê-los. É algo que surgiu para Ross na Salesforce, destacando como as empresas podem aumentar a receita por meio da construção de um modelo de vendas escalável e previsível.[18]

É preciso que você comece a vender sem nem se dar conta disso. O início é desafiador. Nós acabamos nos jogando no processo muitas vezes sem compreender as técnicas e sem estar preparados. É óbvio que isso não é o ideal, mas viver essa etapa, de alguma forma, vai deixar você mais maduro. Foi assim comigo e acredito que com você também será.

Para mim, ter um método de vendas estruturado foi algo desenvolvido na prática. Gosto de dizer que antes eu vendia de modo não intencional, e agora vendo de maneira intencional. Isso nos dá a chance de estruturar melhor o nosso método, adaptar à nossa realidade e entender como fazemos as vendas. É claro que você não precisa passar por tudo isso, justamente por esse motivo está aqui lendo sobre gestão comercial.

Analisando o mercado de modo macro, esse processo pelo qual passei não é mais necessário. Hoje não convivemos mais com o desafio de venda. Precisamos lidar com o desafio de conscientização. O nosso cliente, na maior parte das vezes, nem sabe que o nosso produto ou serviço existe. Por isso, você precisa começar pensando em como educar esse cliente. E nesse processo educacional, que começa no topo do funil de vendas, você precisa tocar nas dores que ele sente, falar sobre os problemas que ele enfrenta, nas frustrações com as quais ele convive. Tudo para fazê-lo tomar consciência de que ele precisa de ajuda. A partir desse momento, você começa a cativar esse cliente até a venda.

No processo educacional, a primeira coisa que você precisa ter em mente é que as pessoas não compram o seu produto. Elas compram a

18 ROSS, A.; TYLER, M. **Receita previsível:** como implementar a metodologia revolucionária de vendas outbound que pode triplicar os resultados da sua empresa. Belo Horizonte: Autêntica, 2020.

transformação que o produto gera na vida delas. Percebe a diferença? E quando você começa a se comunicar com o seu possível cliente, precisa usar a comunicação correta. As pessoas compram pela emoção e justificam com a razão. Por isso, jamais fale de preço antes de mostrar o verdadeiro valor do seu serviço ou de seu produto e o problema que ele resolve. A porta de entrada é tocar na emoção, vender à mente do cliente e não ao cliente. E fazer com que ele decida antes mesmo de saber o preço.

Outro ponto de atenção é **ouvir** o cliente durante esse processo de conscientização. Vender não é apenas sobre falar, é saber ouvir. Quando conseguimos ouvir o cliente, o caminho para o fechamento de qualquer venda fica muito mais próspero.

EXPANDINDO A MENTALIDADE VENDEDORA

Seguindo o caminho da nossa jornada em gestão comercial, quero trazer pontos importantes que surgiram a partir da minha vivência prática na área. Compartilho com você o que eu faço e considero de suma importância para o sucesso em qualquer plano de vendas para expansão da sua mentalidade vendedora. E quando falo sobre esse tema, estou vendendo o conceito mais importante no mundo das vendas. Refiro-me à atitude, às crenças e ao mindset do profissional de vendas, e não apenas dele, mas de todo e qualquer empreendedor ou colaborador de uma organização. É possível construir e trabalhar para expandir essa mentalidade empreendedora em vendas e transformar isso em um estilo de vida, criando rotinas e hábitos. Em muitos momentos deste livro falarei sobre a importância da expansão e do desenvolvimento da sua mentalidade. Afinal, tudo começa pela sua mente.

O primeiro passo, então, é acreditar no seu potencial vendedor e se enxergar dessa forma. Quem não sabe vender acaba vendendo a sua hora, e tempo não é escalável. Por isso, comece a internalizar em sua mente, cocrie os seus resultados e sonhos e se transforme em um vendedor inabalável, pronto para alcançar todas as metas sonhadas de modo prático e gradual. Então, para criar e manter uma mentalidade vendedora, é preciso ter:

1. SONHO GRANDE

Imagine algo que você queira muito conquistar e comece a agir em busca da realização. O grande vendedor é motivado por grandes sonhos, conquistas e desejos.

2. PERSISTÊNCIA

Um vendedor com mentalidade vendedora não desiste facilmente. Ele vê o "não" como uma oportunidade para encontrar o "sim" e continua perseverando.

3. FOCO EM SOLUÇÕES

Em vez de apenas empurrar produtos ou serviços, um vendedor com mentalidade vendedora procura entender as necessidades do cliente e oferecer soluções que atendam a essas necessidades.

4. EMPATIA

É preciso ser capaz de se colocar no lugar do cliente, e entender as suas preocupações e desejos é fundamental. Isso ajuda a construir relacionamentos sólidos.

5. AUTOCONFIANÇA

Acredite no valor do que está vendendo e na própria capacidade de fechar negócios. Isso é essencial para um vendedor com mentalidade vendedora.

6. APRENDIZADO CONTÍNUO

Estar aberto a aprender constantemente sobre novos produtos, técnicas de vendas e mudanças no mercado é fundamental para se manter competitivo.

7. RESILIÊNCIA

Aceitar a rejeição e lidar com as adversidades de maneira construtiva é uma característica chave da mentalidade vendedora.

8. FOCO EM RESULTADOS

A mentalidade vendedora está orientada para alcançar metas e resultados. Isso envolve definir metas claras e trabalhar com estratégia para alcançá-las.

Esses são os pilares que você precisa colocar em prática para expandir a mentalidade e, tendo isso muito claro para si mesmo, estará um passo mais perto de desenvolver uma boa gestão comercial.

APLICAÇÕES DA GESTÃO COMERCIAL

Você já ouviu falar sobre demanda infinita? É um conceito criado por Thiago Reis, fundador da Growth Machine, empresa que ajuda outras empresas a elevarem o seu faturamento. Ele foi o grande responsável não só pela consolidação da minha mentalidade de vendedor, mas pela orientação do caminho empírico na busca por implantar e gerir máquinas de vendas eficientes dentro do meu ecossistema de negócios. É mestre em vendas. Hoje posso falar com muito orgulho que nossa sintonia foi tanta que nos tornamos sócios e parceiros em algumas empreitadas.

Para ele, só há duas funções dentro de uma empresa: vendedores e pessoas que trabalham para ajudar os vendedores. Esse conceito, com frequência, gera polêmica nas palestras que ministra, porém tem como objetivo reforçar a importância de todos os colaboradores estarem focados em ampliar as vendas de um negócio. Vender é o verbo mais importante, certo?

Outro ponto importante que aprendi com Thiago foi a demanda infinita, metodologia que se transformou em um livro assinado por ele. Explico: ele enfatiza que, para uma empresa ascender, é imperativo dominar a arte da geração de demanda. A "demanda infinita" é vista como a habilidade de uma empresa em suscitar incessantemente o interesse e a necessidade do público por seus produtos ou serviços. E nesse universo de vendas, a compreensão e a implementação de uma máquina de vendas eficiente é vital para desbloquear a escala e gerar resultados significativos.

Seja qual for o seu desafio no mundo dos negócios, você precisa ter a visão integrada de vendas que busca não só aumentar os números, mas otimizar processos, focar o cliente ideal e adotar estratégias eficientes. É um conceito que defende que há, sim, uma "fórmula secreta" para crescer as vendas. E os ingredientes são:

1. Desenvolver estratégias de crescimento;
2. Construir tração;
3. Sistematizar as vendas;
4. Aplicar tecnologia para escala.

Ter uma estratégia de crescimento é fundamental para que o negócio tenha um objetivo e um ponto que quer alcançar. É preciso construir tração para que esse crescimento consiga se sustentar dentro das possibilidades que você tem hoje e do que construirá. Depois, as vendas precisam ser sistematizadas para que você consiga ter constância e frequência nesse processo. Por fim, a tecnologia entra como uma grande facilitadora para manter esse processo em pé e funcionando, gerando ainda mais crescimento.

É claro que essa é uma leitura muito simples de um conteúdo muito complexo, porém não posso deixar de mencionar o meu desejo de que você tenha tudo isso em mente para que busque entender como pode construir a demanda infinita em seu negócio. Depois disso, podemos avançar para outro conceito importante em gestão comercial: a regra 80/20.

Também conhecido como Princípio de Pareto, essa regra, desenvolvida por Vilfredo Pareto em 1896, surgiu quando ele percebeu que 80% das terras da Itália pertenciam a apenas 20% da população. Depois, olhando para o jardim que tinha em casa, observou que 80% dos frutos do seu pomar eram originados de 20% das plantas que ele possuía. Em termos mais técnicos, podemos falar que Pareto percebeu a distribuição da lei de potências entre duas quantidades, ou seja, 80 e 20%.[19]

Outra leitura, agora mais pessoal e individual, seria dizer que a regra dos 80/20 demonstra que aproximadamente 80% dos resultados são gerados por 20% das causas ou esforços. E podemos adequar isso aos mais variados contextos e áreas. A ideia aqui é que uma minoria de fatores costuma ser responsável pela maior parte dos resultados. Separei, então, algumas aplicações para que você possa entender melhor a dinâmica.

1. NEGÓCIOS

Cerca de 80% dos lucros de uma empresa muitas vezes vêm de 20% de seus clientes mais fiéis ou produtos mais populares.

2. PRODUTIVIDADE

Em muitos casos, 20% das tarefas executadas durante o dia de trabalho são responsáveis por 80% dos resultados ou contribuições para o sucesso no trabalho.

3. SAÚDE E VIDA SAUDÁVEL

Cerca de 20% dos exercícios e hábitos de alimentação saudável podem resultar em 80% dos benefícios para a saúde.

4. VENDAS

Cerca de 20% dos vendedores costumam gerar 80% das vendas totais de uma empresa.

5. EDUCAÇÃO

Em sala de aula, é possível analisar também que, em muitos momentos, 20% das explicações e tópicos ou conceitos fornecem 80% do conhecimento necessário.

---

19 LAYOAN, S. Entendendo o princípio de Pareto (a regra 80/20). **ASANA**, 2022. Disponível em: https://asana.com/pt/resources/pareto-principle-80-20-rule. Acesso em: 23 nov. 2023.

Percebe qual é a lógica? Esses são apenas alguns exemplos, mas a regra 80/20 pode ser aplicada às mais variadas situações para destacar a desigualdade na contribuição ou impacto de diferentes fatores. E isso pode ajudar você a direcionar recursos e esforços de modo mais eficaz, assim como também me ajudou.

Quando o assunto é vendas, a aplicação da regra 80/20 é relevante e, com base em minha vivência e observação estudando e aprendendo mais sobre o tema em diversos livros e cursos, quero apresentar algumas aplicações que podem ser utilizadas em seu negócio a partir de agora.

1. PRODUTOS MAIS VENDIDOS

Em um catálogo de produtos, geralmente, cerca de 20% dos itens são responsáveis por 80% das vendas totais. Então quero que você faça essa análise em seu negócio e concentre esforços na promoção e otimização desses produtos que podem impulsionar os seus lucros.

2. FORÇA DE VENDAS

Em uma equipe de vendas, 20% dos vendedores frequentemente geram 80% das vendas. Reconhecer e recompensar os vendedores de alto desempenho é essencial para aumentar a performance geral da equipe. Você costuma fazer isso? Se não, chegou a hora de colocar em prática.

3. MARKETING EFETIVO

Em campanhas de marketing, cerca de 20% das estratégias muitas vezes resultam em 80% dos *leads* ou conversões. Você deve, portanto, alocar recursos para as táticas de marketing mais eficazes de modo a aumentar o retorno sobre o investimento. Esse será um diferencial!

4. PRODUTIVIDADE DA EQUIPE DE VENDAS

Cerca de 20% das atividades de vendas de uma equipe geralmente contribuem para 80% das vendas totais. Você já parou e identificou quais são essas atividades? Faça isso e estará com uma equipe mais produtiva e com maior eficiência.

Aplicar a regra 80/20 em gestão comercial é poder tomar decisões mais informadas sobre quais esferas devem concentrar os seus esforços e recursos para maximizar o desempenho e os lucros, focando os clientes, os produtos e as estratégias mais impactantes. Isso pode ser um grande impulsionador para o sucesso de um negócio.

6

VENDAS

CHEGOU A HORA DE NOS APROFUNDARMOS NO TEMA VEN-
das, e elas não se limitam apenas a vender. Com tudo o que vimos até agora, você já sabe que é preciso entender as necessidades do cliente, construir relacionamento e oferecer soluções que agreguem valor. Venda é emoção! E a emoção é o combustível para a ação. Por isso, é fundamental entender de relações humanas para vender mais e melhor.

Ficamos preocupados muitas vezes em falar sobre preço, com medo de o cliente achar caro e não comprar. Esse é um grande erro, que causa insegurança, ansiedade e atrapalha a venda. Há algo muito importante, um verdadeiro segredo, que você precisa saber: a decisão de compra vem antes do preço. Quando você convence pelo **valor** e conquista pela **emoção**, o preço vira um **detalhe**.

Assim, persistência é o caminho para o êxito e, se pudesse retomar por um momento a regra 80/20 que acabamos de ver, diria que, em vendas, 20% é inspiração e 80% é transpiração. Se você tentou vender cinco vezes, não deu certo e você cansou, você não venderá. Eu diria que um vendedor leva, em média, oito nãos até conquistar um sim, que levará à conversão. Você tem energia? Ótimo! Ela é a sua base, mas não é tudo. O vendedor moderno precisa agregar conhecimento, planejamento e método a tudo o que faz. E seguindo essa linha de raciocínio, apresento agora as cinco forças de vendas.

Criei a metodologia das cinco forças para elevar os pontos principais quando o assunto é vender mais. **Convergência de canais** refere-se à integração e coordenação de diferentes canais de vendas para oferecer uma experiência de compra mais eficiente e coesa para os clientes. Então, estamos falando sobre canais tradicionais como lojas físicas e canais digitais como sites e aplicativos. **Escalabilidade** é a capacidade de crescer e se adaptar com eficiência para lidar com o aumento que naturalmente acontecerá, porém, sem comprometer seu desempenho, eficácia ou qualidade. **Método** é a maneira como você construirá esse sistema para aumentar as vendas e ter mais resultados, contudo sem **missão compartilhada** não chegaremos a lugar nenhum. A equipe precisa estar alinhada! Todos juntos, seguindo em uma direção. Por fim, **ousadia** é ter coragem para executar e se diferenciar.

Com essas cinco forças, trago, aqui, os pilares primários que envolvem o desenvolvimento da área de vendas em um negócio. Utilizei essas forças para montar uma estratégia em meus negócios e quero que você use também. Além disso, quero apresentar alguns conceitos fundamentais que vão guiar os próximos passos e precisam estar muito claros em sua jornada.

1. *INBOUND SALES*

Aqui temos a abordagem de vendas que se concentra em atrair *leads*, ou seja, potenciais clientes, por meio de conteúdo relevante e educação, criando um interesse genuíno pelo produto ou serviço antes mesmo de iniciar o processo de vendas.

2. *OUTBOUND SALES*

Envolve a prospecção ativa de clientes em potencial, muitas vezes por meio de *cold calls* (ou ligações frias, aquelas em que o cliente não teve contato prévio com o vendedor), e-mails ou mensagens diretas. É uma abordagem mais proativa em que a empresa busca os clientes.

3. FUNIL DE VENDA

É um modelo que descreve as diferentes etapas pelas quais um cliente passa, desde o momento em que toma conhecimento de um produto ou serviço até a efetivação da compra.

4. FERRAMENTAS, SISTEMAS E IMPLEMENTAÇÕES

Aqui falamos sobre o uso de tecnologia e sistemas para automatizar e melhorar o processo de vendas, como Customer Relationship Management (CRM) e software de automação de marketing.

5. *DASHBOARD* DE CONTROLE DE GESTÃO

São painéis de controle para acompanhar o desempenho das vendas em tempo real. Eles são importantes para que se possa mensurar os resultados a todo momento.

Com esses conceitos mais claros, quero trazer uma reflexão: qual é o seu objetivo? Quais resultados você quer atingir? Pode parecer fora de contexto, mas essa é a primeira resposta que você precisa ter muito bem-definida antes de estruturar a sua máquina de vendas. O que você vende? Qual é o ticket? Quem é o cliente? São perguntas que influenciam o processo de vendas. E esse modelo, junto com o tipo de cliente que você quer atingir, é o que vai moldar a forma como você vai agir a partir de agora. Então, separe um momento para pensar sobre essas questões e saiba que é imprescindível fazer essa avaliação do negócio antes de avançar.

MÉTRICAS DE VENDA

Se não consegue medir, você não consegue melhorar nem administrar. Por isso, ter métricas de venda em qualquer área de negócios faz a diferença entre construir resultados no escuro e ter uma luz pela qual seremos guiados. William Deming, estatístico, professor universitário, autor e palestrante dizia que "não se gerencia o que não se mede".[20] Esta é a frase mais correta que existe.

---

20 AUDY, J. K. William Edwards Deming (1900-1993). **Jorgeaudy**, 2016. Disponível em: https://jorgeaudy.com/2016/01/27/william-edwards-deming-1900-1993/. Acesso em: 23 nov. 2023.

Por isso, apresentarei sete métricas que precisam existir em sua empresa para que você possa transformar oportunidades em negócios rentáveis e escaláveis.

1. VOLUME MÉDIO

Você já avaliou o volume médio do seu negócio? É um cálculo muito simples: o volume médio é igual à receita total dividida pelo número de períodos ou fatores. Por exemplo: se uma loja vendeu 120 mil reais em um ano, o volume médio será de 10 mil reais mensais. Você pode aplicar essa conta também com unidades de produtos vendidas, volume de transações financeiras e fator de desempenho de seus vendedores. E se o volume médio do seu negócio é de 10 mil reais mensais, qual é a porção de vendas correspondente a cada vendedor? Com essa conta, você chegará no volume médio de negócio.

Utilize essa métrica para orientar os resultados e checar o que está abaixo ou acima da média. Aplique-a dentro do escopo do seu negócio, ou seja, se você tem produtos diferentes, pode fazer o cálculo para entender a performance por período.

2. CICLO (OU TEMPO) DE VENDA

Você sabe qual é o tempo médio para que o cliente passe pelo processo completo até finalizar a compra? Se a resposta for não, saiba que isso é muito comum e acontece porque não costumamos calcular esse tempo para que um negócio seja fechado. Assim, se o seu negócio ainda não adota essa métrica, é preciso colocar em prática a partir de agora.

O cálculo é simples: comece a medir quanto tempo leva da prospecção até o fechamento de um negócio. Se esse tempo for longo, quero que faça uma análise dos motivos. Por que demora? Existe algo travando o processo? Ele está truncado? Analise tudo isso e faça o que for necessário para diminuir o seu ciclo de venda.

3. OPORTUNIDADES DE VENDAS ABERTAS

Também conhecidos como *leads* na área de marketing digital, as oportunidades de vendas abertas em lojas físicas são os potenciais clientes que estão prontos para fechar um negócio. Sabe aquele cliente que viu, gostou, está 99% decidido, mas não sabe ainda se falará "sim" para a oferta? Ele é uma oportunidade de venda aberta.

Quero que utilize essa métrica para fazer uma avaliação diária, semanal ou até mesmo mensal de quantas oportunidades são criadas pelos fatores vendedor e equipe. Por exemplo: se fizer essa análise semanal, poderá descobrir que um vendedor abre portas para dez, vinte, trinta oportunidades, entretanto outro consegue apenas cinco. Com essa referência, é possível identificar quando será preciso aumentar os esforços para captar novos clientes.

E se formos olhar para um vendedor especificamente, podemos perceber dois fatores. Vendedores que abrem menos oportunidades do que o previsto não batem as metas; por outro lado, se existem muitas oportunidades e poucas vendas, a demanda está sendo maior do que a equipe consegue atender. Nesse caso, é preciso contratar e treinar!

4. TAXA DE CONCLUSÃO DE VENDAS

Pegando o exemplo anterior em que um vendedor teve vinte oportunidades de venda em uma semana e fechou apenas cinco, imagine que ele teve quinze oportunidades perdidas ou 75% de taxa de evasão.

Com esse número em mãos, você deve avaliar a eficácia do seu time de vendas e poderá fazer os ajustes necessários no percurso, como tentar entender por quais motivos as vendas não foram fechadas e pensar em soluções para que essa taxa aumente.

5. ÍNDICE DE CONCLUSÃO

Vimos anteriormente como avaliar os insucessos, mas e os sucessos? No exemplo anterior, esse mesmo vendedor teve um índice de conclusão de vendas de 25%. Outros vendedores terão 70, 80 ou até mesmo 100%. Porém, vale reforçar que fazer a análise dos sucessos leva em conta também em qual etapa do funil essa possível venda aconteceu, uma vez que o nível de dificuldade será variável nesse processo também.

A partir dos resultados, pense como pode melhorar, aprimorando o relacionamento, fazendo uma promoção, uma campanha etc. Talvez até seja necessário fazer o ajuste de preço.

6. TICKET MÉDIO OU VALOR MÉDIO GASTO POR CLIENTE

Se você tem uma quantidade variada de produtos, precisa calcular também qual é o valor médio gasto por cliente. Exemplo: tenho uma loja de óculos de sol e meus preços variam de 100 reais até 5 mil reais. Levando em conta a quantidade de clientes e o valor total gasto por eles em determinado período, qual é a média? Assim, você terá o ticket médio e pode pensar em estratégias para aumentar esse valor ou promover os produtos de maior valor.

7. *CHURN RATE* OU TAXA DE CANCELAMENTO DE CLIENTES

Quantos clientes você perdeu em determinado tempo? Isso é o *churn rate*. Ele está relacionado com os índices aplicáveis ao time de vendas, entretanto traz um número macro do índice de cancelamento de compras e da taxa de não conversão dos negócios. Ele é importante porque pode indicar problemas com a retenção e a fidelização.

Em suma, ter métricas é indispensável. Elas fornecem uma visão clara do desempenho atual das suas estratégias e monitoram os dados de modo que você possa sempre pensar em soluções para impulsionar o crescimento do seu negócio. Lembre-se de que o que não é medido não pode ser gerenciado eficazmente, e métricas de vendas bem definidas são cruciais para o sucesso sustentável de qualquer empreitada.

ANTES DE TUDO, ENTENDA O CLIENTE

O próximo passo do nosso processo em vendas é saber a importância de conhecer a fundo quem compra de você. Se a atenção é o ativo mais importante dos tempos atuais, podemos também afirmar que todos estão completamente concentrados em suprir as necessidades do cliente. Vamos lá! Você já parou para pensar qual é o motivo que faz alguém decidir comprar pizza de um lugar X e não do Y? Por qual motivo algumas pessoas escolhem Apple e não Samsung? Por quais razões o consumidor prefere determinadas marcas a outras?

Entender essas nuances é entender que existe algo por trás da maneira como o consumidor pensa e que precisa ser desvendado. Se antes tínhamos processos e ferramentas focadas em como o vendedor trabalhava, hoje precisamos também olhar para as necessidades do mercado e as especificidades do produto para que o cliente esteja no centro. Então, como é possível entender as necessidades dos clientes? A seguir, a partir de alguns *insights*, trarei a minha percepção sobre o assunto.

A. PESQUISAS

Nada melhor para entender a cabeça de quem compra do que pesquisar, pesquisar e pesquisar. Saiba dados pessoais, idade, formação, localização, gostos, profissão e até mesmo a linguagem que essa pessoa utiliza. **Dica**: você poderá utilizar essa linguagem para falar com mais assertividade diretamente para este público!

B. O QUE ESTÃO FALANDO SOBRE A MINHA EMPRESA

Feedbacks são importantes não apenas no processo de gestão de pessoas. Eles são fundamentais para entender o que é essencial para o seu produto ou serviço e melhorar a qualidade do que está entregando. Então, abra a oportunidade para que os seus clientes falem com você.

C. EMPATIA

Colocar-se no lugar do outro é um processo estimado não apenas quando o assunto é vendas, mas também quando estamos falando com humanos, ou seja, o tempo inteiro. Tente imaginar como o seu cliente sente e transita nesse ambiente. Tenha empatia com o que ele precisa. Isso fará com que o seu produto seja muito melhor e se diferencie de outros.

D. ENGAJAMENTO E INTERAÇÃO

Você precisa estar nas plataformas e canais que o seu público está. Deve estar à disposição dele – e sem muitas interferências no meio do caminho. Precisa interagir e se engajar. Ter presença!

Sempre trago isso para os meus mentorados: uma venda boa é aquela em que **escutamos**, não oferecemos. Se você escuta, se conecta. E assim ficará mais fácil chegar ao sim!

QUER VENDER MAIS? PARE AQUI!

Seguindo com as estratégias para vendas, você pode incluir em seus processos alguns conceitos como os elencados a seguir.

1. Atendimento ao cliente.
2. Marketing digital.
3. Diferenciais competitivos.
4. Canais de vendas.
5. Parcerias estratégicas.
6. Desconto, escassez e bônus.

Vamos abrir cada um?

Com o público bem definido e os processos de prospecção funcionando, você precisa ter uma equipe de experts no atendimento. Por isso, investir no **atendimento ao cliente** é um dos passos mais importantes não apenas para captar esse cliente, mas para fazê-lo permanecer com você pelo maior tempo possível consumindo diversos produtos dentro da sua base.

Já o **marketing digital** ajuda a fortalecer os seus canais de comunicação. Essa é uma das decisões mais sábias que você poderá tomar. Destinar grande parte da sua verba para investimentos no marketing digital vai fazer a diferença nos resultados, tanto em fortalecimento de marca como em captação direta de clientes.

Os **diferenciais competitivos** falam sobre entender quais são os seus concorrentes para poder modelar o que eles têm de melhor e descobrir os

seus pontos fracos para que você possa trabalhar em cima disso. Questione-
-se: quais são os meus diferenciais? O que tenho de melhor e me destaca?

Canais de venda são os pontos de comunicação com quem quer o seu produto ou serviço. Além de ter um canal físico (para aqueles que possuem), você precisa estar em canais digitais conforme comentei anteriormente ao abordar o engajamento e a interação.

Por fim, **desconto**, **escassez** e **bônus** (ou DEB) significa utilizar táticas que envolvam descontos, criar senso de urgência por meio da escassez de produtos e oferecer bônus para incentivar a decisão final de compra. Se possível, faça tudo isso aplicando o senso de urgência e determinando prazo para a tomada de decisão do cliente.

Ao unir esses elementos em harmonia, você construirá um futuro sólido e promissor para o seu negócio.

MÃO NA MASSA

Seguindo para a etapa final de todo o processo que estou conduzindo ao seu lado no tema vendas, apresentarei, agora, os elementos que farão você derrubar as objeções, elevar a sua taxa de crescimento e ter metas perenes.

OBJEÇÕES

Existe uma dinâmica de memorização que funciona perfeitamente para que você quebre as objeções de compra de seu produto ou serviço. Veja a seguir.

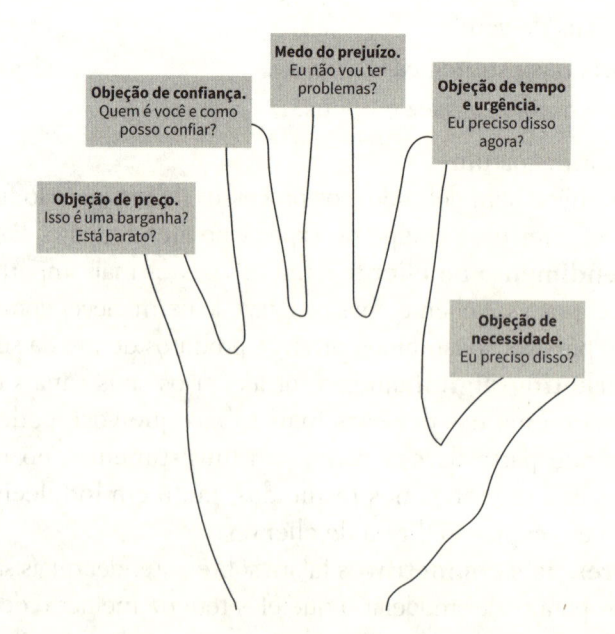

Observe essas perguntas e analise o seu negócio. Como você pode quebrar essas objeções a partir de agora? Depois de responder, quero que você tenha um momento com seu time de vendas e apresente os dados para que todos estejam preparados.

TAXA DE CRESCIMENTO E METAS PERENES

Quando o assunto é crescimento, você deve levar em conta seis elementos que alteram essa taxa e que precisam ser constantemente revistos, alinhados e ajustados. São eles:

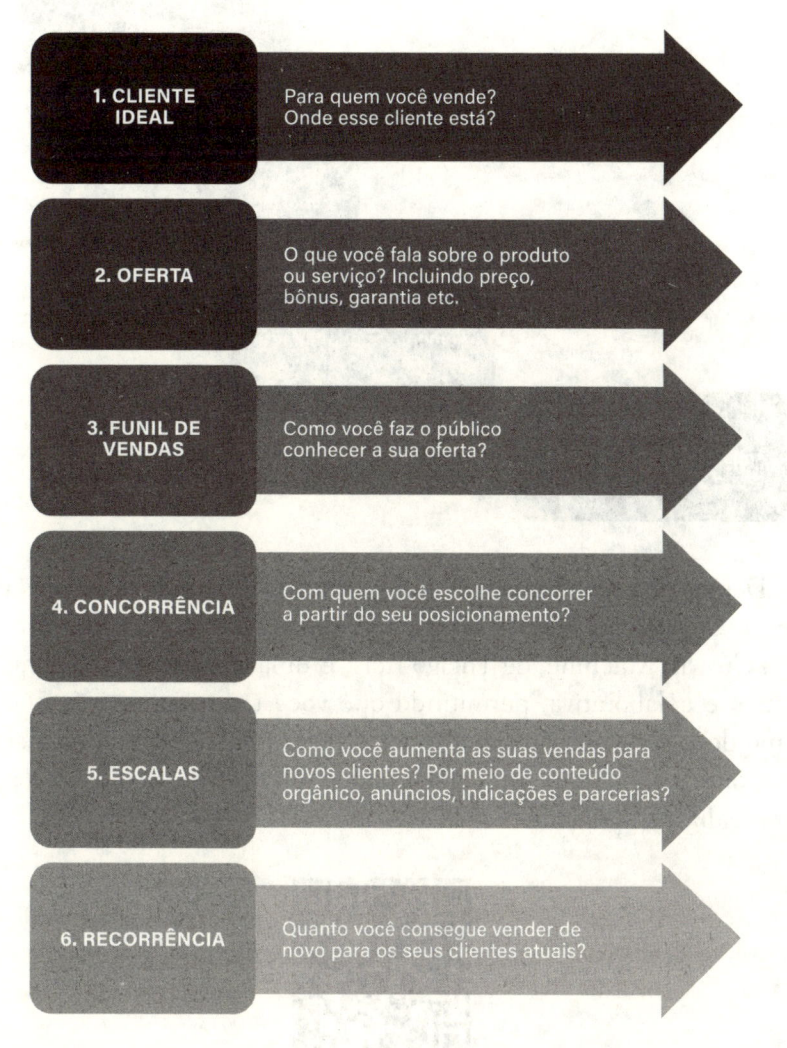

1. CLIENTE IDEAL — Para quem você vende? Onde esse cliente está?

2. OFERTA — O que você fala sobre o produto ou serviço? Incluindo preço, bônus, garantia etc.

3. FUNIL DE VENDAS — Como você faz o público conhecer a sua oferta?

4. CONCORRÊNCIA — Com quem você escolhe concorrer a partir do seu posicionamento?

5. ESCALAS — Como você aumenta as suas vendas para novos clientes? Por meio de conteúdo orgânico, anúncios, indicações e parcerias?

6. RECORRÊNCIA — Quanto você consegue vender de novo para os seus clientes atuais?

Depois de fazer essa análise, quero que você pense em suas metas perenes e seus objetivos gerais a partir do quadro a seguir.

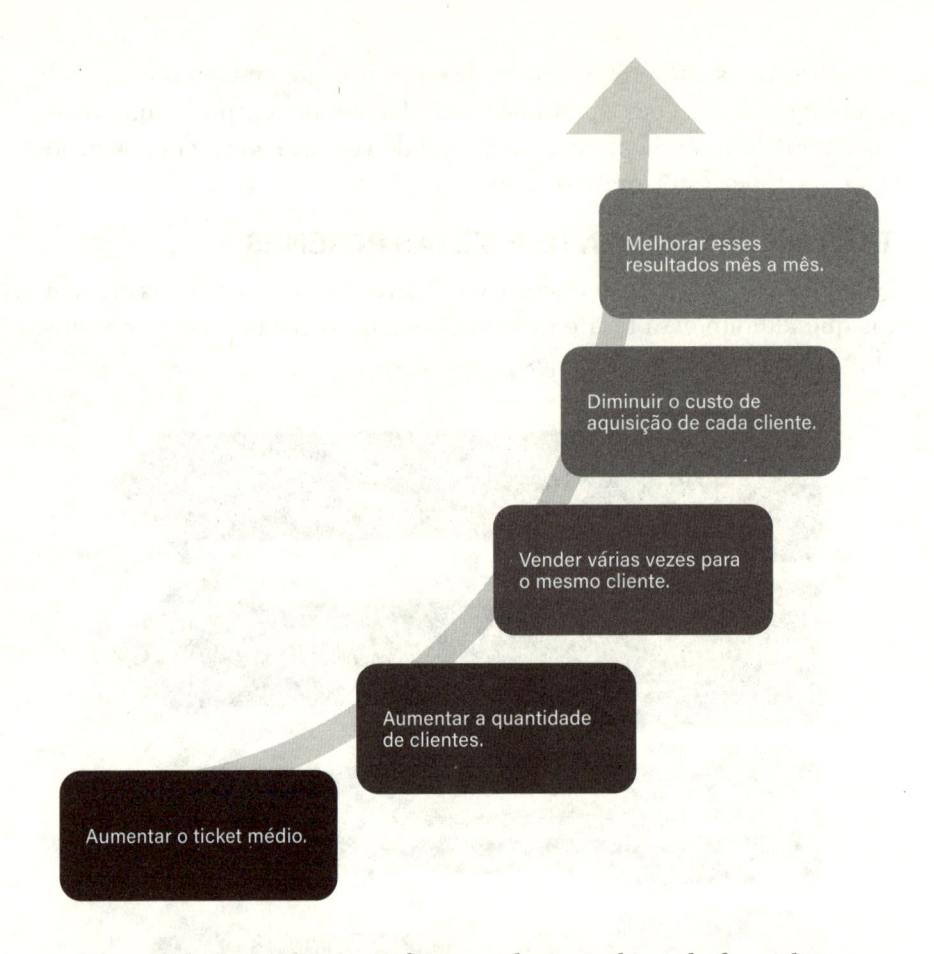

Melhorar esses resultados mês a mês.

Diminuir o custo de aquisição de cada cliente.

Vender várias vezes para o mesmo cliente.

Aumentar a quantidade de clientes.

Aumentar o ticket médio.

Depois de entender esses fatores, chegou a hora de fazer dois exercícios. O primeiro deles é preencher o Kanban Prospect desenvolvido pela Growth Machine, de Thiago Reis. É uma ferramenta visual rápida, prática e colaborativa, permitindo que você tenha uma visão 360º de como deve ser a sua prospecção ideal. Para isso, acesse o link a seguir ou aponte a câmera do seu celular para o QR *code* e siga o passo a passo para realizar a atividade.

https://blog.growthmachine.com.br/
o-que-e-kanban-prospect/

Por fim, para fecharmos, quero propor um exercício mais subjetivo. Um mantra de vendas que tenho com o meu time campeão e que acredito colaborar fortemente com os nossos resultados. Para utilizar o mantra, você deve dizer:

> *Um time campeão de vendas tem metas alcançáveis e mensuráveis. Vende para a pessoa certa e atua com planejamento.*
> *Um time campeão sabe o começo, o meio e o fim do seu projeto.*
> *Um time campeão constrói a sua persona para agir com resultado.*
> *Um time de vendas campeão tem paixão por vender e ousadia. Porque, no fim, a melhor venda é aquela conquistada após os muitos nãos colecionados pelo vendedor.*
> *É assim com um time de vendas campeão, é assim na nossa vida. Nada vem fácil. Toda recompensa exige sacrifício. Não há ganho sem dor. Não há sucesso sem trabalho pesado.*
> *Eu sou fruto dos muitos nãos que a vida me deu.*

Assim, fechamos o capítulo de vendas. Lembre-se de que o sucesso é uma jornada contínua, e a busca constante pela excelência em cada um desses aspectos é a chave para alcançar os seus objetivos e garantir um futuro de resultados.

7
GESTÃO FINANCEIRA

QUERO CONFESSAR ALGO: NUNCA FUI UM BOM GESTOR

financeiro. Sou aquela pessoa que vai abrindo caminho, cortando a "mata" e criando oportunidades. A verdade é que me considero um empreendedor que abre frentes, que tem ideias e não tem medo de colocá-las em prática. Faço isso custe o que custar.

Nossa, Jean, você deve ser muito corajoso e inspirador, alguns pensam. Nada disso! Vejo que a lógica acontece exatamente ao contrário. Com uma mente criativa, tenho também muita ansiedade de realizar a qualquer preço. E essa "fera" que existe em mim precisa ser domada. Sobretudo porque, hoje, entendo que, antes de ousar, é preciso planejar. Antes de voar, é preciso ter um plano de voo que garantirá não apenas uma decolagem tranquila e um percurso estável, como também uma aterrisagem com segurança, mesmo que as turbulências apareçam no meio do caminho.

Por isso, ser um bom gestor financeiro é tão importante. É uma habilidade que garantirá um olhar analítico e realista para os números. E se você sente que não é um bom gestor financeiro, assim como eu me sinto, saiba que isso não significa que a sua empresa não terá os melhores resultados nesse sentido. No meu caso, busco conhecimento sempre e procuro me cercar de pessoas boas que me ajudam com essa área mais estratégica do negócio. E isso faz toda a diferença!

O empreendedor precisa ter a "cabeça fria" e o discernimento necessário para tomar as decisões certas, compreendendo que a gestão dos negócios e a evolução de suas habilidades pode ser a peça que faltava para aproximá-lo dos objetivos estabelecidos. E sei que estar à frente de uma equipe ou de uma empresa é extremamente desafiador. Obstáculos surgem de todos os lados, no ambiente interno e externo. Superá-los é só parte da vitória, já que uma empresa precisa crescer de maneira sustentável e não se limitar à sobrevivência. Logo, aprender sobre gestão financeira é primordial para estar preparado para o que o mercado reserva. Diria que é até possível se apaixonar pelo tema quando você entende a sua importância no contexto da sobrevivência da sua família e de outras que dependem disso.

Gestão financeira, portanto, é o coração pulsante da empresa. A espinha dorsal que sustenta a estrutura. A base de uma construção. Quando realizada com diligência e conhecimento, torna-se o alicerce sobre o qual um negócio de sucesso é construído. É a disciplina que envolve organizar, planejar, controlar e dirigir os recursos financeiros de uma organização, com o objetivo de maximizar o valor para o dono, os sócios ou os acionistas. É o que permite prosperar e perdurar. E podemos começar a falar sobre esse tema a partir de quatro princípios iniciais: (1) planejamento financeiro, (2) controle de custos, (3) fluxo de caixa e (4) investimentos e financiamentos.

O planejamento financeiro está em primeiro lugar porque ele ajuda a estabelecer metas e objetivos financeiros claros e alcançáveis, de modo que você possa garantir a sustentabilidade. O controle de custos funciona para analisar como o dinheiro está sendo gasto e como pode reduzir as despesas, otimizando a rentabilidade do que entra e sai. Já o fluxo de caixa é a parte em que são monitoradas todas as transações financeiras, garantindo previsão e controle de receita e despesas. Por fim, os investimentos e financiamentos fazem parte do processo de gestão financeira porque eles localizam e captam recursos, equilibrando riscos e retornos.

Não posso deixar de mencionar que reduzir despesas pode passar por etapas como: renegociação com fornecedores, eliminação de produtos não rentáveis, implementação de tecnologia para reduzir custos, fluxo de caixa em dia e impecável, limitação da quantidade de transações bancárias e conversão de custos fixos em custos variáveis – que nada mais é do que transformar algumas despesas em custos esporádicos.

Com isso em mente, quero que responda: Você quer dobrar os seus lucros? Quer conseguir ter mais caixa e aumentar os seus resultados? Quer poder investir em todas as áreas da empresa, crescer, expandir e escalar? Se a sua resposta foi "sim", então você deve ter três pilares muito bem definidos em sua mente para que isso aconteça.

1. Reduzir as despesas.
2. Ampliar o faturamento.
3. Ter mais lucratividade.

Fácil, não é? Nem tanto. Mas é completamente aplicável. Veremos como!

LUCRO, TEMPO E LIBERDADE

Sua empresa depende de você para funcionar? O que acontece se você ficar dois meses fora da empresa? Ela funciona ou quebra? Em muitos momentos, empreendedorismo é sobre a busca pela liberdade – financeira, de tempo e de autonomia. O sonho de criar algo próprio, algo que reflita as paixões e valores do indivíduo, é algo que gera sustento financeiro e proporciona um propósito maior. Na prática, entretanto, muitos empreendedores se veem presos em suas próprias criações, ou seja, a criação tomou conta do criador. A empresa depende completamente da presença e das decisões do dono. Identificou-se com algo? É um cenário paradoxal.

Na busca por autonomia e controle de tempo e financeiro, ter um negócio pode significar ancorar a presença de alguém à sua funcionalidade. E percebo que esse é um dos grandes dilemas dos tempos atuais. Por isso, em gestão financeira, precisamos falar sobre negócios autossustentáveis (ou autogerenciáveis).

Um negócio autossustentável é aquele que opera e cresce sem a presença constante do proprietário. Ele voa com as suas próprias asas, independentemente de o dono estar ou não presente. Claro que não posso deixar de mencionar que o início da empresa, em geral, é marcado pela presença do fundador. E que, mesmo depois, o proprietário ainda tem papéis fundamentais, entretanto o fato de ser autogerenciável mostra que as decisões do dia a dia, ou seja, aquelas menores, que fazem o ecossistema funcionar e progredir, não dependem de apenas uma pessoa.

Marcelo Germano, fundador do método Empresa Autogerenciável (EAG), diz que: "No início do negócio [o dono] é até essencial, porém a partir da quarta página isso se torna um gargalo e trava o potencial da empresa. A partir desse momento você começa a equilibrar pratos. E quando você não consegue equilibrar todos os pratos, você só trabalha para apagar incêndios".[21]

---

21 COMO criar uma empresa autogerenciável? **InfoMoney**, 2021. Disponível em: https://www.infomoney.com.br/negocios/como-criar-uma-empresa-autogerenciavel/. Acesso em: 24 nov. 2023.

Se você está no comando da empresa, você é comandante. Se é escravo da empresa, é comandado. É preciso ajustar a equipe e se estruturar, treinar, alinhar processos. E estratégias como implementação de sistemas e processos robustos e redondos fazem parte das soluções que levam aos negócios autossustentáveis. Podemos falar também sobre empoderamento da equipe, construção de cultura organizacional adequada, forte e alinhada e muitas outras facilidades. São atitudes que vão liberando você da operação diária para que possa focar as estratégias necessárias que levarão em direção ao crescimento e à inovação. Assim, você poderá ter mais tempo e liberdade para olhar o que realmente importa: o lucro.

Há dois anos mergulhei com muita profundidade em leituras e cursos relacionados à gestão. Tive também um podcast chamado *Fórum negócios cast* e ali compartilhava o resumo do que aprendia de mais valioso. Entrevistei feras na área de negócios e um dos episódios que mais me marcou foi quando abordei o livro de Bob Fifer, *Dobre seus lucros*, considerado também o livro de cabeceira de Marcel Telles, fundador da Ambev. Fifer fala que:

> Uma empresa lucrativa dispõe de dinheiro para premiar os empregados, oferecer carreiras interessantes e investir em novos produtos, negócios e tecnologias. As empresas menos lucrativas inevitavelmente afundam na mediocridade em todos os sentidos – moral, qualidade de produtos etc. –, porque terminam financiando, de má vontade e inadequadamente, todas as fases do negócio.[22]

Percebe em quais pontas a gestão financeira se conecta? O cuidado com essa área dá a possibilidade ao empreendedor de criar um círculo virtuoso na cadeia em que está inserido. Além disso, Fifer aponta que, para aumentar o lucro, é preciso trabalhar três grandes pilares: cultura, custos e vendas.[23] Em primeiro lugar, ele aponta que boa parte das empresas que falham em multiplicar o seu lucro fazem isso devido a uma falta na cultura (ou mentalidade), pois não têm essa premissa como base do negócio. Depois, fala sobre a redução de custos, assim como comentei anteriormente. A redução de custos precisa ter um olhar atento e constante porque de nada adianta encher um balde se ele está com

---

22 FIFER, B. **Dobre seus lucros:** o livro de cabeceira de Marcel Telles, fundador da Ambev. São Paulo: Harper Collins, 2017.

23 *Ibidem.*

um furo embaixo, deixando escapar toda a água sem que ninguém veja. Esse balde jamais ficará cheio! Primeiro, reduza. Depois, faça perguntas. Por fim, você precisa trabalhar as vendas para que o lucro só se multiplique. Essa é a grande lição! "A impaciência que teima em fazer as coisas agora é uma grande produtora de lucros."

Vale reforçar, também, que muitas vezes o lucro do negócio está escondido em atitudes que deixamos de colocar em prática, como investir na gestão de pessoas e premiar o desempenho da equipe de acordo com os verdadeiros resultados, não com a simpatia de cada um. É uma questão de mentalidade também. E a decisão de ter uma empresa forte com uma gestão eficiente passa pela mentalidade do dono. Pense sobre isso!

MENTALIDADE FORTE, EMPRESA FORTE

Trago o termo mentalidade em diversos momentos. E é proposital. Para reforçar o conceito de que toda mudança começa na sua mente. E quando o assunto é gestão financeira, ter a mentalidade do fundador é primordial. Chris Zook e James Allen abordam a importância da manutenção dessa mentalidade no livro *A mentalidade do fundador*.[24]

A verdade é que todo o empreendedor precisa ter a mente blindada para focar aquilo que sabe fazer e preservar as bases do negócio que fundou, garantindo a conexão do que mantém a essência do negócio com os objetivos de longo prazo e a perenidade. Disso tudo, Zook e Allen abordam três conceitos dos quais eu gosto muito.

1. **Obsessão pela linha de frente**: é a importância de focar as operações de linha de frente e as necessidades dos clientes. É olhar os processos e os custos.

2. **Insurgência**: é a manutenção da missão clara e do senso de propósito, desafiando o *statu quo*. O objetivo financeiro é tão importante quanto o planejamento de crescimento em longo prazo.

3. **Mentalidade do fundador**: é assumir a responsabilidade pessoal pelos produtos, clientes e resultados da empresa. Como donos, somos sempre responsáveis pelos resultados.

Na minha visão, a leitura disso tudo é que precisamos combater a complexidade e manter a agilidade e simplicidade, mesmo quando estamos

---

24 ZOOK, C.; ALLEN, J. **A mentalidade do fundador:** a chave para sua empresa enfrentar as crises e continuar crescendo. Rio de Janeiro: Figurati, 2016.

crescendo. Na realidade, **principalmente** quando estamos crescendo. Por buscarmos estratégias mirabolantes, acabamos desfocando, quando na verdade o segredo de todo o negócio está em fazer o simples.

Empresas que conseguem manter a agilidade, o foco no cliente, a clareza de propósito, a cultura organizacional e a adaptabilidade acabam tendo para si, como base, a mentalidade do fundador e caminham em direção aos negócios mais modernos que existem.

UM COMPILADO

Separei para esta parte um compilado de passos simples e práticos que devem ser levados em conta quando o assunto é gestão financeira. São constatações, ações, práticas e ferramentas que precisam estar presentes em sua gestão.

CONSTATAÇÕES E AÇÕES

1. ELIMINE REUNIÕES DESNECESSÁRIAS

Não deixe a sua agenda bloqueada com reuniões que não fazem sentido para o crescimento financeiro do seu negócio. Libere tempo e espaço para que você possa cuidar do que é importante para o negócio crescer e ter mais lucro.

2. FORNECEDORES SÃO UMA GRANDE FONTE DE ECONOMIA

Nem sempre fazer com as próprias mãos pode ser a melhor solução. Em muitos momentos, ter fornecedores, parceiros e colaboradores externos pode ser o que separa você da produtividade eficiente.

3. QUANTO MENOS NOS CULPAMOS, MAIS CONFIANTES FICAMOS E MAIS SUCESSO TEMOS

Não perca mais tempo com a mentalidade errada. Se você chegou até aqui, mesmo que não seja um expert em gestão financeira (assim como não sou), saiba que você pode mudar isso.

4. PREFIRA UMA PESSOA FOCADA EM LUCRO A DEZ PESSOAS FOCADAS EM BUROCRACIA

No mundo dos números, é muito comum incluirmos burocracias sem fim para realizar os processos. As burocracias são importantes, mas o lucro também é. Mais vale ter uma pessoa que vai trazer resultados do que outras tantas falando para você sobre processos a serem implementados para que a gestão dê certo.

5. IMPACIÊNCIA, TEIMOSIA E DETERMINAÇÃO = LUCRO, RESPEITO E ENTUSIASMO

Traduza essas habilidades em forças que vão alavancar o seu negócio.

6. PREÇO NADA TEM A VER COM CUSTO, E SIM COM O QUE O MERCADO PODE PAGAR – QUEM PEDE MAIS RECEBE MAIS

Gestão financeira também olha para o preço do produto ou serviço, porque visa o lucro e sabe que isso é o que importa para crescer.

7. DESCUBRA DE QUEM SEUS CONCORRENTES COMPRAM E A QUE PREÇO E USE ESSA INFORMAÇÃO

Você já pesquisou quem são os fornecedores dos seus concorrentes? Essa pode ser uma informação valiosa para que você aumente a sua margem e reduza os custos.

8. TODA ORGANIZAÇÃO DEVE TER UM OBJETIVO CLARO, ÚNICO E PREDOMINANTE

Se você não sabe para onde vai, caminhará para qualquer lugar. Fazer a gestão das finanças é olhar para os objetivos que tem no curto, médio e longo prazo.

ROTINA

Como gestor de diversos negócios há muitos anos, separei algumas tarefas e rotinas que fazem parte do meu dia a dia e que você deve implementar a partir de agora. Parece que não fará diferença, mas a realidade é que ter um olhar apurado nesses fatores deixará você muito mais antenado no que é válido e precisa ser cuidado.

1. FLUXO DE CAIXA

Faça uma análise diária do fluxo de caixa da sua empresa. Reveja transações, esteja por dentro do dinheiro que está entrando e saindo e por qual motivo. Isso irá assegurar que você tenha mais acuracidade para identificar os problemas e as oportunidades de melhoria.

2. CONCILIAÇÃO BANCÁRIA

É preciso comparar os registros financeiros feitos por períodos, olhando os extratos bancários e as planilhas de controle (ou qualquer outro sistema que você use para ter controle das saídas). Isso garantirá consistência de informações e segurança.

3. AVALIAÇÃO DE DESEMPENHO FINANCEIRO

De que adianta cuidar de tudo o que vimos até aqui se você não faz um balanço e uma análise para medir os resultados? O sucesso ou o insucesso? Faça avaliações periódicas e esteja por dentro do desempenho financeiro do seu negócio. O exercício no fim do capítulo falará justamente sobre isso.

ELEMENTOS IMPORTANTES

Separei também três elementos que considero importantes quando o assunto é saúde financeira de uma empresa. Todo empreendedor deve conhecer, se dedicar e ter olhar constante para isso.

1. RESERVA DE EMERGÊNCIA

Muito comum no assunto finanças pessoais, a reserva de emergência é também um ótimo atributo no mundo empresarial. Nada mais é do que uma reserva de caixa que você terá para sustentar a empresa em emergências. Manter esse recurso financeiro é essencial para enfrentar imprevistos e flutuações de mercado, e você pode considerar ter uma reserva para pelo menos seis meses de custos e despesas.

2. EDUCAÇÃO FINANCEIRA

Quem sabe melhor, faz mais – e com mais direcionamento. Faça como eu fiz e busque conhecimentos sobre os conceitos financeiros básicos. Isso fará com que você tome decisões mais informado e de modo mais consciente e consistente.

3. *COMPLIANCE*, GOVERNANÇA E CONSELHOS CONSULTIVOS

Parece óbvio, mas não é para muitos. A conformidade com leis e regulamentações e as boas práticas de governança são importantes. Isso elevará o seu negócio a um novo patamar. Reflita se já é o momento de implantar um conselho consultivo de gestão na sua empresa.

Com esses passos e ações práticas muito bem definidos, chegamos ao exercício que fecha o capítulo de gestão financeira. Chamaremos de "análise e planejamento financeiro estratégico". Separe um tempo e, depois de finalizar, aguardo você em nossa próxima etapa!

EXERCÍCIO: ANÁLISE E PLANEJAMENTO FINANCEIRO ESTRATÉGICO

A seguir, falaremos sobre etapas básicas cujo objetivo é ajudar você a ter mais informações e controle da gestão financeira do seu negócio. Para isso, dividi em seis etapas e quero que você preste muita atenção ao desenvolver cada uma. Leia até o fim e deixarei depois um espaço para que possa desenvolver as respostas.

1. Avaliação financeira
   a) Faça uma lista detalhada de todas as receitas e despesas da sua empresa.
   b) Identifique e classifique as despesas como "necessárias" ou "desnecessárias".
   c) Calcule a lucratividade do negócio considerando as receitas e despesas.

2. Metas de lucratividade
   a) Defina metas claras e atingíveis de lucratividade para os próximos seis meses, um ano e dois anos.
   b) Elabore estratégias para alcançar essas metas, considerando cortes de despesas desnecessárias e aumentos de receita.

3. Foco no cliente
   a) Realize uma pesquisa com seus clientes para entender as necessidades, desejos e expectativas em relação aos seus produtos/serviços.
   b) Com base nos feedbacks, pense em maneiras de melhorar sua oferta para atender às necessidades dos clientes e aumentar a satisfação.

4. Aprimoramento contínuo
   a) Identifique áreas-chave do seu negócio em que melhorias podem ser realizadas para aumentar a eficiência e reduzir custos.
   b) Crie um plano de ação detalhado para implementar essas melhorias, com metas, prazos e responsáveis.

5. Reflexão e ajustes
   a) Ao fim de cada mês, revise as suas finanças e avalie seu progresso em relação às metas de lucratividade.
   b) Ajuste as suas estratégias, conforme necessário, com base nos resultados e nas mudanças nas condições de mercado.

8 MARKETING

MARCA É AQUILO QUE FALAM DE MIM QUANDO SAIO DA SALA. *Reputação é o que pensam quando não estou presente.* Apesar de ser difundida no mercado, gosto de sempre trazer essa ideia em minhas aulas, palestras, imersões e conversas porque define muito bem a construção de uma marca a partir do viés do marketing. E por vivermos em uma era completamente digitalizada, vejo que muitas empresas acabam se preocupando mais com a cobertura e a decoração do bolo do que com a qualidade da massa e do recheio. Então, perde-se a diferenciação e, sem ela, não é possível dominar o mercado pela falta de autenticidade, autoridade e influência. Assim acontece com um produto, um serviço ou uma marca, tanto na esfera empresarial como na esfera pessoal.

É claro que essa é uma analogia muito simples para um tema complexo, contudo ter essa base de comparação ajudará você a entender sobre o marketing, começando pela definição, construção, ferramentas e facilitações. Minha pretensão, entretanto, não é trazer um conteúdo detalhado. Poderíamos desenvolver um livro inteiro sobre o assunto e talvez ainda assim ele ficasse obsoleto daqui a alguns meses visto que estamos vivendo uma época de transformações exponenciais. O que desejo, portanto, é mostrar o primordial para que você cuide do marketing com mais sapiência e cuidado a partir de agora, construindo mais resultados e virando algumas chaves dentro de você.

Não adianta criar uma estratégia de marketing se a essência não se sustenta. Será que você representa exatamente aquilo que divulga? Será que é percebido pelo público da maneira como deseja? Será que está cuidando do básico em marketing? Será que sabe quais ferramentas precisa utilizar para alavancar o seu produto ou serviço?

Philip Kotler, o pai do marketing moderno, define essa área como: "[…] Um processo social pelo qual indivíduos e grupos obtêm o que necessitam e desejam por meio da criação, da oferta e da livre troca de produtos de valor entre si".[25] Ele nos explica que, para ter uma área de marketing funcionando corretamente, é preciso compreender as necessidades e desejos do mercado, criando, promovendo e entregando produtos e serviços que preencham essas vontades de modo efetivo. É cuidar do valor percebido, da satisfação e do relacionamento com os seus clientes. E vai além: fala sobre marketing centrado no produto (1.0); marketing voltado para o consumidor (2.0); marketing centrado no ser humano (3.0); marketing para o mundo digital (4.0); e marketing voltado para a tecnologia (5.0). "As empresas precisam encontrar o equilíbrio entre dois objetivos: maximizar a criação de valor no presente e começar a posicionar as marcas para o futuro".[26]

Fazendo uma análise pessoal, digo que o marketing é um processo pelo qual as empresas criam valor em forma de vendas, envolvendo atividades estratégicas focadas na promoção de uma marca ou produto, com o objetivo de maximizar os resultados, construir reputação de marca e criar relacionamento. Ele é crucial para que possamos entender as necessidades e desejos dos consumidores ao criarmos produtos que atendam essas necessidades, para que a nossa comunicação esteja alinhada com o que estamos entregando e para que esse relacionamento seja genuíno e perdure a partir da lealdade e da confiança.

Assim, independentemente de qual estágio você se encontre – variando entre "não faço nada de marketing" e "faço muitas ações de marketing" –, quero apresentar ferramentas e conceitos para que você esteja antenado nas possibilidades que existem e tenha consistência em suas execuções, para que vá se "aprontando" no meio do caminho em vez de sempre buscar o momento ideal.

25 KOTLER, P. **Administração de marketing**. São Paulo: Pearson, 2019. p. 3-4.

26 KOTLER, P. **Marketing 5.0:** tecnologia para a humanidade. Rio de Janeiro: Sextante, 2021. E-book.

ANÁLISES DE MARKETING

Fazer uma análise de marketing é investigar o mercado em que atua, olhar para a concorrência e identificar o público-alvo, reconhecendo oportunidades e ameaças, forças e fraquezas (análise SWOT, do inglês: *strengths, weaknesses, opportunities, threats*). Envolvendo tanto o seu negócio quanto quem está atuando no mesmo mercado que você.

Faremos um exercício, no fim do capítulo, conectando esse assunto, entretanto, vale reforçar que fazer essa análise ajuda a entender o que o consumidor deseja e quais são as preferências dele para depois otimizar as estratégias que você usará.

CONSCIENTIZAÇÃO E CANAIS DE DIVULGAÇÃO

Não basta ter um ótimo negócio se você é invisível aos olhos do consumidor que precisa dessa solução. Os clientes precisam saber que você existe. Eles precisam ter a conscientização da sua marca. Mas como? Com estratégias adequadas de comunicação e a utilização dos canais de divulgação corretos.

Em quais deles você está presente? Em quais plataformas? Os canais de divulgação são todos os meios utilizados para promover a sua empresa, como mídias on-line ou off-line, redes sociais, televisão, rádio, podcasts etc. Ter conhecimento e estar presente nos canais de divulgação vai além de fazer a promoção do seu produto ou serviço; estabelece um relacionamento com os seus clientes para que eles, eventualmente, sejam embaixadores da sua marca.

QUALIDADE DE CONTEÚDO

Não basta produzir conteúdo, é preciso fazer isso com qualidade e consistência, mostrando a sua expertise. Isso ajudará o seu negócio a estabelecer confiança e ter reputação. Marcas que são vistas como líderes em seus setores são aquelas que têm o maior poder para moldar o mercado e atrair clientes.

TRÁFEGO

É a troca de informações entre dispositivos que acontece a partir do momento que estão conectados à internet, ou seja, são os dados enviados e recebidos por um usuário. Esse tráfego pode ser pago ou orgânico. O primeiro envolve o pagamento para que anúncios e propagandas apareçam para as pessoas "interessadas" naquele tipo de conteúdo, e o segundo ocorre de modo natural, ou seja, não acontece a partir de investimento financeiro. Saber sobre tráfego e aplicar em seus canais de divulgação é importante para que você se certifique de que a informação está chegando corretamente.

E-MAIL MARKETING

Imagine que você precisa enviar um e-mail para todos os seus clientes, mas não quer fazer esse trabalho manualmente. Com o e-mail marketing, você pode criar listas de assinantes para fazer envios com ofertas, atualizações de produtos, conteúdo relevante etc. É uma maneira eficaz de manter os seus *leads* informados e envolvidos. Mas como fazer isso? Uma das possibilidades é a automação.

AUTOMAÇÃO

Seguindo o exemplo anterior, você pode ter uma ferramenta de automação para enviar esses conteúdos para a sua lista de transmissão. Em marketing, automação designa o uso de tecnologias variadas para otimizar tarefas repetitivas e processos manuais. Esse tipo de facilitação aumenta a eficiência, libera tempo, permite personalização mesmo quando estamos falando de números maiores, segmentação de público e análise de dados para que você possa checar se a estratégia deu certo ou não. O resultado são campanhas mais eficazes e decisões mais assertivas.

CUSTOMER RELATIONSHIP MANAGEMENT (CRM)

É um sistema para gerenciar interações e relacionamentos com clientes potenciais, os *leads*. Ter um CRM integrado é importante para que você possa consolidar informações em um só lugar, monitorando o comportamento do consumidor e aproveitando oportunidades de vendas. É possível também otimizar o atendimento do cliente e melhorar as relações.

INBOUND E *OUTBOUND*

Inbound e *outbound* são maneiras diferentes de colocar o marketing dentro de um negócio. Enquanto o *outbound* é mais tradicional e procura consumidores por meio de métodos diretos e intrusivos, o *inbound* atrai por meio de conteúdo relevante e útil. Ambas as estratégias são essenciais e podem ser otimizadas com o uso de ferramentas adequadas para criar uma abordagem de marketing mais holística e integrada.

DASHBOARD

É um painel com informações relevantes sobre dados cruciais que envolvem a venda e o desempenho de produtos e serviços. Um *dashboard*, quando bem projetado, ajuda a visualizar dados, identificar tendências, monitorar informações e tomar decisões mais assertivas em relação aos resultados verdadeiros. Esse *dashboard* deve ser personalizável de acordo com o seu mercado de atuação.

MARKETING DE CONTEÚDO

Criação e distribuição de conteúdo relevante e valioso para atrair e fidelizar o público. Em vez de apresentar e promover, o marketing de conteúdo educa, informa e entretém. Estamos falando sobre blogs, vídeos, reels, infográficos, lives etc.

PUBLICIDADE ON-LINE

Fazer publicidade é colocar anúncios que promovam o seu produto ou serviço. Quando falamos de publicidade on-line, referimo-nos a tudo o que envolve a web. Ela é altamente segmentada e mensurável, o que permite um retorno claro sobre o investimento feito.

SEARCH ENGINE OPTIMIZATION (SEO, OTIMIZAÇÃO DE MECANISMOS DE BUSCA)

A otimização dos mecanismos de busca tem como objetivo melhorar a visibilidade do conteúdo publicado em ferramentas de pesquisa como o Google. Se você tem um blog, por exemplo, pode fazer postagens com palavras-chave e hashtags específicas que melhorarão o SEO do seu domínio. Existem muitas possibilidades dentro do universo do SEO e ficar atento a elas é estar à frente e ter mais possibilidade de conversão de vendas.

PARCERIAS ESTRATÉGICAS

Você já pensou sobre a possibilidade de ter parcerias estratégicas com outras empresas para promover o seu negócio? Também conhecidas como *collabs* (do inglês, *collaboration*), essas parcerias estratégicas podem envolver comarketing, copatrocínio ou até mesmo a incorporação de outros produtos em sua cesta de ofertas. É uma estratégia que melhora a exposição e aumenta o potencial de vendas. Podemos chamar isso de parcerias estratégicas.

RETURN ON INVESTMENT (ROI, RETORNO SOBRE INVESTIMENTO)

Calcular o ROI é entender exatamente qual foi o seu retorno em determinadas campanhas de marketing. O cálculo é simples:[27]

Se você fez uma campanha e gastou 40 mil reais, mas recebeu como retorno 300 mil reais, o seu ROI será de 6,5, isto é, você teve mais de seis

---

27 ROI: o que é, como e por que calcular o Retorno sobre o Investimento [+ calculadora]. **Resultados digitais**. Disponível em: https://resultadosdigitais.com.br/marketing/o-que-e-roi-retorno-sobre-investimento/#:~:text=ROI%20%C3%A9%20a%20%C3%A9%20a,investimentos)%20%2F%20custos%20e%20investimentos. Acesso em: 24 nov. 2023.

vezes o retorno do investimento feito. Saber o ROI de suas campanhas será imprescindível para entender o retorno e fazer os ajustes necessários.

O CLIENTE DECIDE PELA EMOÇÃO

Agora que você já sabe alguns conceitos básicos de marketing, quero falar da maior lição que aprendi sobre esse assunto: as pessoas compram **você** em primeiro lugar, ou seja, decidem pela **emoção**; depois, elas compram o seu produto ou serviço, isto é, decidem pela **lógica**. Em resumo, podemos dizer que a compra é feita a partir das emoções sentidas pelo cliente ao entrar em contato com o que você oferece. Compras são feitas por humanos; e humanos sentem emoções.

Entender e dominar essa lógica é fundamental para que você tenha mais retorno e conversão. Você precisa estar próximo do cliente, entender as suas vontades, as suas dores, o que ele quer e o que precisa. Até porque ele, muitas vezes, não saberá o que necessita.

Existe um termo em inglês chamado *mind share* que fala exatamente sobre esse processo que estou explicando. *Mind share* é a presença (ou participação) que as marcas constroem na mente dos consumidores.[28] Uma vez consolidada essa presença, vamos para a próxima etapa, que é o *wallet share*, ou presença na carteira em tradução livre. Esse momento acontece quando os consumidores decidem adquirir algo de você. Se você constrói *mind share*, você cria emoções. Com emoções, você efetiva a venda.

ESTEJA PRESENTE

Para fecharmos, não poderia deixar de separar uma parte do capítulo para falar sobre a importância da sua presença (e empresa) nas redes sociais. E, aqui, apesar de parecer contraintuitivo com o que construímos em outros momentos, você deve evitar ser generalista. Seja essencialista. Digo isso porque quanto mais generalista você for, menos as pessoas vão perceber você (e o seu conteúdo). Quanto mais clareza e autenticidade existirem, maior será a sua chance de engajamento.

Então, não deixe de utilizar as redes sociais para trabalhar a sua imagem e a sua marca, assim você criará confiança para se destacar e

---

28 O QUE é *mind share* e porque você deve se preocupar com ele. **Marketing para especialistas**, 2019. Disponível em: https://marketingparaespecialistas.com.br/mind-share/. Acesso em: 27 nov. 2023.

cuidará do seu posicionamento – assunto sobre o qual detalharemos alguns capítulos adiante. E para isso, é preciso ter estratégia. Veja, a seguir, o que separei para Instagram, LinkedIn e podcasts.

INSTAGRAM

Uma das plataformas com maior número de oportunidades. Estar fora do Instagram hoje é praticamente estar fora do jogo. Nessa rede social, você deve cuidar em especial dos itens a seguir.

1. BIO (OU BIOGRAFIA)

Na bio é importante que você se apresente para o mundo. Precisa ser muito bem definida, mostrar o problema que você resolve e o seu diferencial de marca.

2. DESTAQUES

Os destaques são estratégicos para que você possa guardar ali as informações fundamentais que o seu cliente precisa saber sobre a marca. Você pode ter um "comece por aqui", por exemplo, explicando quais são as etapas iniciais para que ele esteja em contato com você. Pode colocar depoimentos e experiências também.

3. CONTEÚDO

O conteúdo é rei e isso é um fato. Ele deve ser construído de modo atrativo e com qualidade. Precisa condizer com o perfil da sua persona, ou seja, cliente ideal.

4. HASHTAGS

Hashtags são facilitadoras de buscas e identificadoras de assuntos. Mescle as hashtags que o seu cliente segue com o seu conteúdo, fazendo com que as suas postagens cheguem tanto para quem já segue você quanto para quem é um potencial cliente novo.

5. CONSTÂNCIA

Quem não é visto é esquecido. Não adianta postar esporadicamente porque o seu conteúdo será cada vez menos entregue para a sua comunidade. Tenha constância!

LINKEDIN

Se quer chegar ao topo, esteja conectado aos melhores. O LinkedIn já foi uma plataforma muito ignorada, porém hoje tem valor imenso, principalmente para áreas voltadas ao ambiente de negócios, carreira, recursos humanos e outras. Para o B2B (*business to business*), o LinkedIn é essencial porque nele acontece o que chamamos de *social selling*, ou seja, venda como consequência de networking. Não adianta chegar e começar a tentar vender. Não funciona nessa plataforma. Você precisa primeiro se relacionar, depois ir aos negócios. A comunicação pessoal é muito importante aqui.

PODCAST

Ter um podcast é uma das maneiras de se conectar com o seu público, porque você cria uma comunidade, faz uma triagem e fala para um nicho específico. É uma tendência no mercado e existem ainda muitas oportunidades que você pode aproveitar, dando voz para quem quer se comunicar e quem domina, de modo simples, a oratória e performance sem precisar estar em uma rádio.

EXERCÍCIO: MARKETING ESTRATÉGICO

Para fecharmos, elaborei um exercício completo sobre persona, ou público-alvo, e quero que você aplique em seu negócio. Como comentei, a persona é um perfil fictício de um cliente ideal, porém baseado em pesquisas e dados reais de quem consome de você. Com a persona definida, você terá mais possibilidades de seguir com estratégias de marketing eficazes e alinhadas com os seus objetivos. Vamos lá!

PARTE 1 – PERSONA

1. INFORMAÇÕES DEMOGRÁFICAS

Para começarmos, você precisará definir as informações demográficas do seu cliente ideal. São dados que ajudarão a descrever e entender quem é essa pessoa.

Idade: _____

Gênero: _____

Renda: _____

Localização: _____

Escolaridade: _____

2. OBJETIVOS E DESAFIOS

Agora chegou o momento de pensar sobre o que seu cliente quer, quais são os objetivos e desafios dele, isto é, o que deseja alcançar e o que vive ou enfrenta para alcançar isso.

Quais são os objetivos que a sua persona deseja alcançar?

_____

_____

_____

Quais desafios ela enfrenta para alcançar esses objetivos?

_____

_____

_____

3. COMPORTAMENTOS E HÁBITOS

Identificar o dia a dia de quem consome de você é fundamental para saber exatamente o que faz e como faz cada atividade.

Onde sua persona busca informações?

_____

_____

Quais são seus hobbies e interesses?

_____

_____

Que tipo de conteúdo consome?

_____

_____

4. NECESSIDADES E DESEJOS

Entender sobre o que essa persona necessita ajudará você a pensar em melhorias e soluções mais alinhadas com o que esse cliente deseja de fato.

Quais são as necessidades não atendidas de sua persona?

_____

_____

O que ela valoriza em um produto ou serviço?

_____

_____

5. ANÁLISE *PAIN POINTS*

Pain points são as dores e problemas que o cliente vive no dia a dia. As urgências, contratempos, preocupações etc.

Quais problemas sua persona encontra nos produtos/serviços atuais?

_____

_____

Como o seu produto/serviço pode resolver esses problemas?

_____

_____

Chegou a hora de fazer um compilado de tudo o que você respondeu até aqui. Porém, atenção! A seguir, deixei algumas dicas e comandos para a construção da persona.

1. Pesquise e colete dados: realize pesquisas de mercado e entrevistas com dados já existentes para coletar informações reais sobre os seus clientes atuais e potenciais.
2. Sintetize as informações: ser objetivo é fundamental. Identifique padrões e tendências que ajudarão a definir as características da sua persona.
3. Crie um perfil detalhado: com base nas informações sintetizadas, incluindo todas as características e os atributos identificados.
4. Reveja e ajuste: revise a persona criada regularmente e faça ajustes conforme necessário, baseando-se em feedbacks e mudanças de comportamento do consumidor.

A MINHA PERSONA

Nome: _____

Background (ocupação, formação etc.) _____

_____

_____

Dados demográficos (idade, gênero etc.): _____

_____

Objetivos (o que deseja alcançar): _____

_____

Desafios (problemas e obstáculos enfrentados): _____

_____

Interesses (*hobbies*, conteúdo consumido): _____

_____

Necessidades e desejos (o que valoriza e precisa): _____

_____

Pain points (problemas com soluções atuais): _____

_____

Ao finalizar essa construção, você tem em mãos os dados mais importantes do seu cliente ideal para que possa desenvolver estratégias de marketing eficientes e direcionadas.

PARTE 2 - MARKETING

1. ANÁLISE SWOT

Faça a análise de forças, fraquezas, oportunidades e ameaças do seu negócio. A seguir, você encontrará um quadro e poderá usar este espaço. Caso não seja suficiente, basta pegar papel e caneta e rascunhar em um lugar que possa ser revisto.

FORÇAS	FRAQUEZAS
OPORTUNIDADES	AMEAÇAS

2. CONCORRÊNCIA

Faça uma pesquisa de seus concorrentes. Anote no quadro a seguir todas as informações relevantes sobre ele como preço, o que oferece, diferencial etc.

3. MARKETING 4PS

Chegou a hora de olhar e desenvolver os 4Ps da sua empresa: produto, preço, praça e promoção. Vamos lá! Explicarei nos quadros a seguir o que precisa ser imaginado.

PRODUTO
Qual produto ou serviço ofereço? Como posso otimizar isso?

PREÇO
O seu preço está adequado? Sim ou não e por quê? Estabeleça aqui estratégias de precificação.

PRAÇA
Quais são os canais de distribuição que a sua empresa utiliza? Você está nos lugares em que o seu público está? Como pode melhorar isso?

PROMOÇÃO
Como pode otimizar a comunicação e promoção do produto ou serviço que oferece?

4. O PLANO

Chegou a hora de estabelecer um plano de marketing para executar, com base em tudo o que respondeu anteriormente. Crie um cronograma, monte um esquema de custos e defina responsabilidades. Se possível, monitore o progresso.

5. CALCULE O RETORNO

Lembra-se que falamos sobre o ROI? Depois de começar a implementar, volte aqui e faça a análise do ROI das estratégias utilizadas.

Por fim, para fecharmos, saiba que nem tudo dará certo! E está tudo bem. Depois que finalizar, faça uma análise do que funcionou ou não, redefina as estratégias, colete feedbacks e implemente mudanças. O processo de monitoramento e ajustes é contínuo e será um diferencial do que está sendo feito!

9

CULTURA ORGANIZACIONAL

REED HASTINGS, EMPRESÁRIO ESTADUNIDENSE E COFUN-
dador da Netflix, começa o livro *A regra é não ter regras* contando sobre a sua reunião emblemática com a Blockbuster, no Renaissance Tower, em Dallas, no ano 2000. Na época, a empresa era uma gigante de seis bilhões de dólares que contava com quase nove mil locadoras no mundo. Do outro lado da mesa sentavam-se os cofundadores da Netflix que apresentaram uma proposta ousada: a compra da pequena startup por 50 milhões de dólares para que eles pudessem, juntos, desenvolver a Blockbuster.com, braço de aluguel de filmes on-line em que Blockbuster e Netflix trabalhariam juntas. Proposta recusada! Hastings voltou para casa sem nada, mas os anos se passaram, a Blockbuster decretou falência em 2011 e hoje possui apenas uma loja nos Estados Unidos, localizada no estado de Oregon.[29] Nas palavras do autor:

> Muitas vezes me perguntam: "Como isso aconteceu? Por que a Netflix conseguiu se adaptar diversas vezes e a Blockbuster não?". Naquele dia em que fomos a Dallas, a Blockbuster estava com as cartas na mão.

---

29 VENTURA, F. Blockbuster ainda existe, mas sobrou apenas uma loja nos EUA. **Tecnoblog**, 2018. Disponível em: https://tecnoblog.net/noticias/2018/07/13/blockbuster-ainda-existe-uma-loja-eua/. Acesso em: 26 nov. 2023.

Eles possuíam a marca, o poder, os recursos e a visão. A Blockbuster ganhava de nós sem mexer um dedo.

Não era óbvio na época, nem mesmo para mim, mas nós tínhamos uma coisa que a Blockbuster não tinha: uma cultura que colocava as pessoas acima dos processos, que enfatizava mais a inovação do que a eficiência e que mantinha pouquíssimos controles. Nossa cultura – focada em alcançar o melhor desempenho com a densidade de talento e em liderar as nossas equipes com contexto em vez de com controle – nos permitiu crescer e mudar continuamente à medida que o mundo e as necessidades de nossos assinantes se transformavam à nossa volta.

A Netflix é diferente. Temos uma cultura em que a regra é não ter regras.[30]

Essa ascensão foi possível, entre outros pontos, porque a Netflix tinha uma **cultura organizacional** muito forte e presente, o que fez com que se tornassem gigantes no mercado em que atuam e pudessem ensinar aos grandes – muitos que acabaram indo à falência, como a própria Blockbuster – que a cultura é determinante quando o assunto é crescimento e resultados.

Cultura organizacional é um termo amplamente utilizado, porém com frequência mal interpretado no mundo dos negócios. Defino essa área como o conjunto de valores, crenças, práticas e normas compartilhadas dentro de uma organização. É como se fosse uma atmosfera imaterial que está presente em todas as hierarquias e áreas, regendo as interações, trocas, reuniões, compras, vendas etc. Ela está ligada ao comportamento interno, porém esse comportamento traduz-se em ações que envolvem parceiros, clientes, compradores e fornecedores, ou seja, a cultura organizacional, mesmo que indiretamente, influencia a reputação e o posicionamento de uma empresa perante o mercado.

No caso da Netflix, temos em sua cultura os pilares: liberdade com responsabilidade, densidade de talentos, cultura de sinceridade e transparência e eliminação de controles. Se olharmos, entretanto, para outra gigante do mundo das vendas, a Amazon, a sua cultura está presente até mesmo na página de vagas e contratações. Os seus princípios de liderança são: obsessão pelo cliente, mentalidade de dono, inventar e simplificar, estar certo, e muito, aprender e ser curioso, contratar e desenvolver os melhores, insistir nos mais altos padrões, pensar grande, ter iniciativa, frugalidade, ganhar a confiança, mergulhar fundo, ser firme, discordar

---

30 HASTINGS, R.; MEYER, E. **A regra é não ter regras**: a Netflix e a cultura da reinvenção. Rio de Janeiro: Intrínseca, 2023.

e se comprometer, entregar resultados, empenhar-se para ser a melhor empregadora do mundo; e sucesso e crescimento trazem maior responsabilidade.[31] São valores muito claros e, se estão na liderança, fazem parte do dia a dia de todos de uma maneira ou de outra.

Quando articulada e implementada eficazmente, a cultura transcende as paredes da empresa, afetando todo o ecossistema. Cria uma identidade única, distinguindo a empresa em um mercado saturado, e age como um ímã, atraindo indivíduos e oportunidades alinhadas com os valores e visões da empresa. Com a cultura certa, uma organização não apenas navega com sucesso pelo presente, mas também orquestra seu futuro com habilidade. Mas como construir a cultura organizacional? Como fazer com que isso fique claro em todas as áreas e seja transmitido entre todos os membros da equipe?

Vejo que o primeiro passo é ter missão, visão e valores muito claros. A partir dessa definição, passamos para um próximo passo, que é garantir que a comunicação seja aberta para que as informações cheguem com mais assertividade em todos os níveis. Além disso, a liderança precisa ser inspiradora, reconhecendo e valorizando os funcionários para que promova um ambiente de crescimento e aprendizagem contínua.

Nesse sentido, as possibilidades são variadas e multifacetadas. Construir uma cultura empresarial é um processo cujos passos passam desde a fundação até a manutenção, desempenhando papéis críticos determinantes do caminho único de uma organização. E como começar? O primeiro passo para ter uma cultura organizacional mais alinhada com os objetivos de crescimento do seu negócio é falar sobre missão, visão e valores.

MISSÃO, VISÃO E VALORES

Se fizéssemos uma analogia da missão, visão e valores de uma organização a partir de uma análise do sistema solar, teríamos que a **missão** é como o Sol no centro do sistema. Ele é a fonte de energia e a força central que mantém todos os planetas em órbita. Assim é a missão. Ela é o núcleo da organização, fornecendo direção e propósito. É o *core* do negócio, a declaração que fala sobre a sua finalidade e define o DNA de uma marca forte e poderosa.

---

31 PRINCÍPIOS de liderança. **Amazon**. Disponível em: https://www.amazon.jobs/content/pt/our-workplace/leadership-principles. Acesso em: 26 nov. 2023.

Já a **visão** é como os planetas que orbitam o Sol. Cada planeta tem a sua velocidade e órbita únicas. Por exemplo, por mais que Terra e Júpiter orbitem o Sol, eles caminham de modo independente e distinto, fazendo com que estejam em posições diferentes no Universo ao longo do tempo. Assim como os planetas seguem uma trajetória em torno do Sol, a visão orienta a direção que a organização busca alcançar no futuro. É a visão de futuro, o que quer alcançar e como fará isso.

Por fim, temos os **valores**, que podem ser associados às leis naturais que regem o sistema solar, como a gravidade e as órbitas específicas de cada planeta. São leis que fornecem estabilidade e consistência ao sistema, ou seja, em um negócio, os valores são os princípios e diretrizes que mantêm a cultura organizacional unificada, garantindo que a organização opere de acordo com padrões éticos e comportamentais específicos. Em outras palavras, são as "regras" do jogo.

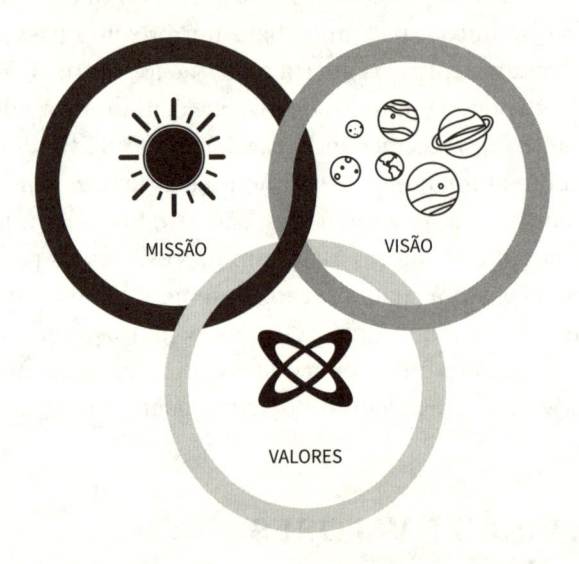

Ter isso muito claro é o que fará com que você saia do lugar-comum, diferencie-se e consiga ter clareza de onde está agora e para onde está caminhando. Você tem uma missão definida? Sabe qual é a visão do seu negócio? Definiu os valores e propaga isso entre todas as pessoas que fazem parte da organização? Caso a resposta seja não ou caso queira revisitar essas definições e refazer esse processo, sugiro um exercício a partir de agora. Para executá-lo, você pode reunir a sua equipe e incentivar um *brainstorming* acerca do tema. Essa discussão garantirá que todos os membros estejam alinhados e comprometidos com o processo para que ele seja incorporado no dia a dia.

MISSÃO

A ideia é produzir uma declaração que destaque o que a sua empresa faz, com clareza e assertividade. A razão da existência da organização deve estar muito clara. Então, reflita e anote.

1 Como os serviços ou produtos da sua empresa melhoram positivamente a vida das pessoas ou da sociedade?

_____

_____

_____

_____

_____

2 O que é valioso e inspirador sobre a empresa?

_____

_____

_____

_____

_____

3 Qual aspecto do trabalho os colaboradores acham mais recompensador e digno de orgulho?

_____

_____

_____

_____

4 Como o mundo e o mercado seriam afetados na ausência do seu produto ou serviço?

_____

_____

_____

5 Se a jornada da sua empresa fosse retratada em um filme, qual seria o título que mais adequadamente representaria a sua narrativa?

_____

_____

_____

_____

_____

A partir dessas respostas, faça a declaração de missão do negócio. Caso sinta que ela não ficou redonda nesse primeiro momento, fique tranquilo. Volte aqui e faça ajustes sempre que necessário para lapidar e chegar à versão final.
Exemplo: missão do Google.[32]
"Nossa missão é organizar as informações do mundo para que sejam universalmente acessíveis e úteis para todos."

_____

_____

_____

VISÃO

Aqui, você deve projetar uma imagem futura ambiciosa, pensando sobre quais são os objetivos da organização e o que deseja atingir. A visão pode estar acompanhada de um prazo e comunica um grande sonho. Então, reflita e anote.

1 O que sua organização almeja se tornar no futuro?

_____

2 Para onde e para quem seus esforços e serviços/produtos devem ser direcionados no futuro?

_____

---

32 NOSSA missão é organizar as informações do mundo para que sejam universalmente acessíveis e úteis para todos. **Google**. Disponível em: https://about.google/intl/ALL_br/. Acesso em: 27 nov. 2023.

3 Quão distante você está disposto a ir e o que está disposto a investir para concretizar esta visão?

_____

4 O que seria a realização do seu maior objetivo ou sonho para a empresa em um período de 3 a 5 anos?

_____

_____

_____

A partir dessas respostas, faça a declaração de visão do negócio. Caso sinta que não ficou redonda nesse primeiro momento, fique tranquilo. Volte aqui e faça ajustes sempre que necessário para lapidar e chegar à versão final. Exemplo: "Queremos ser a maior empresa no ramo de educação financeira do Brasil".

_____

_____

_____

VALORES

Valores representam princípios éticos que norteiam as ações e decisões da empresa. Revelam a essência da organização. Então, reflita e anote.

1 O que é imperativo no comportamento de quem trabalha na sua empresa?

_____

2 Quais atitudes dos colaboradores são vistas como vitais para a identidade da empresa?

_____

3 Que prioridades os membros da equipe devem estabelecer para alavancar o desempenho da empresa?

_____

4 Como a história e origem da empresa (fundadores, surgimento, parcerias) podem ter influenciado seus valores atuais?

_____

_____

_____

A partir dessas respostas, anote os valores do negócio.
Exemplo: "Integridade: adotar honestidade e transparência em todas as ações"; "Inovação: buscar continuamente novas ideias e soluções".

_____

_____

_____

_____

PRÓXIMOS PASSOS

Depois de finalizar o exercício, você pode desenvolver um manual de cultura como uma das estratégias que propagará essa nova etapa de cultura organizacional em seu negócio. O manual de cultura é um documento de referência que explica as diretrizes do negócio e as expectativas comportamentais para todos os membros.

Depois, pode, ainda, fazer um lançamento para essa nova cultura que está sendo desenvolvida. Basta organizar um evento e fazer uma apresentação para todos promovendo e incentivando a comunicação aberta. Para isso, identifique o propósito do evento e comunique a todos, assegurando que todos estejam presentes e sejam envolvidos no processo. Utilize esse espaço também para reconhecer as conquistas do percurso feito até agora e faça uma celebração. Você pode também utilizar recursos visuais para ajudar a promover essa cultura, como camisetas, cartazes e brindes para a equipe. Promover isso fará com que você estabeleça um "marco zero" que divide o passado do futuro, a cultura organizacional antiga da cultura organizacional nova.

Porém, de nada adianta um evento lindo e uma apresentação poderosa se você não traduzir isso em ações do cotidiano e não cuidar para que o processo de recrutamento de novos talentos seja direcionado e assertivo. É necessário reforçar a cultura organizacional diariamente, incentivando conversas e feedbacks nesse sentido para garantir que todos estejam alinhados em relação ao caminho que a empresa está percorrendo. Promova estratégias e mantenha essa cultura vibrante e em constante evolução, celebrando e aprendendo em cada etapa para garantir que todos os insights desse processo sejam aproveitados em uma jornada de melhora contínua.

Lembre-se de que é importante sempre deixar abertas as portas do diálogo. Partilhe experiências, encoraje a troca e a construção coletiva. Isso fará com que a sensação seja de pertencimento.

Navegar pelos complexos corredores da cultura organizacional vai muito além de apenas implantar as regras, estabelecer normas e valores. É uma jornada contínua de manutenção e realinhamento. Implementar uma cultura sólida é uma vitória, contudo, sustentá-la é o desafio. Ela não é estática e, justamente por isso, deve ser sempre monitorada e adaptada para atender às mudanças internas e externas. A capacidade de evoluir é vital para a relevância da cultura.

BÔNUS: ORGANIZAÇÕES HUMANIZADAS

Quando comecei a estudar o tema "organizações humanizadas", percebi que ele se encaixava perfeitamente em cultura organizacional e poderia ser um ótimo bônus para que você possa caminhar ainda mais em direção às empresas do futuro.

Uma de minhas primeiras inspirações no assunto foi Luan Rodrigues, CEO da Zenbox, amigo e proeminente voz nos temas de cultura humanizada e design de organizações humanizadas. A história dele é marcada por pontos de inflexão muito importantes, porém o principal foi um acidente grave que sofreu em 2014 e o fez repensar a sua vida. A partir desse momento, passou a acreditar e defender firmemente a conexão entre as pessoas como pilar principal e catalisador para construir ambientes organizacionais prósperos.

É um mentor experiente no tema e acompanhou o processo de implantação de cultura em grandes organizações. Tem sido meu mentor e parceiro nos debates e na construção do projeto LIDE ESG com foco central na felicidade e a nossa união de propósito nos faz frequentemente refletir sobre as mudanças tangíveis que permeiam a nossa compreensão de liderança e gestão, sobretudo quando navegamos pelo caminho desafiador do design de organizações humanizadas.

Em linhas gerais, portanto, organizações humanizadas são aquelas que colocam as pessoas no centro de suas estratégias e operações. Valorizam o bem-estar, o crescimento e as contribuições de seus membros, criando um ambiente em que as pessoas se sintam valorizadas e motivadas para contribuir com o seu potencial máximo.

Unindo, então, teoria e prática, Luan defende seis eixos estratégicos que devem nortear as organizações que buscam a felicidade dos seus colaboradores. São etapas que funcionam como faróis que iluminam o processo mais humanizado de implantação da cultura organizacional.

1. ENERGIZAR AS PESSOAS

Todos, em uma organização, precisam estar bem. Sem pessoas energizadas não existe base para uma cultura organizacional saudável.

2. EMPODERAR TIMES

As organizações com mais sucesso em seus objetivos são aquelas que trabalham com autonomia e evoluem em um movimento de colaboração contínuo, como se fossem um único organismo.

3. ALINHAR RESTRIÇÕES

Os maiores desafios só podem ser atingidos se as pessoas estão entrosadas. A questão é fazer a liderança cultivar o que está posto. Sendo assim, é necessário que valores, princípios e objetivos estejam alinhados e, com isso, que as pessoas estejam alinhadas em direção ao que se deseja atingir.

4. DESENVOLVER COMPETÊNCIAS

Estamos na era do conhecimento e a maior habilidade que precisa ser desenvolvida dentro da organização é a criatividade. Nós, seres humanos, temos como produto da nossa existência o que criamos e o maior resultado da criação é o impacto positivo que deixamos: nosso legado.

5. CRESCER A ESTRUTURA

Toda organização precisa crescer de maneira sustentável e quando temos essa mentalidade o crescimento passa a ser uma forma de extensão do bem que a organização está fazendo para a humanidade.

6. MELHORAR TUDO

A melhoria contínua, sem sombra de dúvida, é um grande desafio e deve ser incorporada. Quando tudo se mantém em evolução positiva todos se beneficiam.

CONEXÃO ENTRE FELICIDADE E CULTURA

A conexão entre a felicidade como principal indicador da cultura organizacional e a sustentabilidade e prosperidade de uma organização é inegável, e a jornada de aprendizado na cultura organizacional é intensa. Admiro líderes que têm buscado construir organizações mais humanas e autênticas e continuo a explorar, aprender e aplicar práticas que não só fortalecem a cultura organizacional, mas também perpetuam ambientes de trabalho em que o bem-estar, a felicidade e o desenvolvimento humano são prioritários.

A verdade é que pessoas e processos alinhados trazem mais resultados. Mesmo percebendo a evolução da cultura organizacional, quando a empresa cresce, muitos conflitos acontecem. Em ambientes cada vez mais complexos, engajar as lideranças e envolver os colaboradores são tarefas difíceis. Mesmo com indicadores de resultado, sempre existe o efeito da natureza humana. Somos seres em busca de evolução constante. Some-se a isso a diversidade e a forma como cada time se organiza para atingir os seus resultados. Esse cenário complexo gera incerteza na liderança sobre o que realmente desperta, no colaborador, o senso de colaboração. É aí que entram os processos. Para uma organização se desenvolver é fundamental ter times com pessoas e processos alinhados. Isso pode ser feito por meio do desenvolvimento de três comportamentos.

1. TRANSPARÊNCIA

Quase todo o problema criado em uma organização está ligado à falta de transparência que as pessoas depositam nos processos dos quais participam. Esse comportamento muitas vezes acontece devido à inexistência de ferramentas que viabilizam a comunicação fluida entre os envolvidos. A liderança precisa promover soluções para construir um ambiente que estimule a transparência. Uma forma inteligente é a implementação de modelos de gestão visual com momentos planejados para alinhamentos. Quanto mais autonomia melhor. Foque as entregas e não o que as pessoas estão fazendo.

2. INSPEÇÃO

É fundamental adotar o comportamento de revisar e avaliar como o processo evolui e isso precisa ser feito por todos dentro da organização. O desafio da liderança é promover uma inspeção com foco na colaboração e com sentimento de sempre levar o objetivo do trabalho para o seu sucesso.

3. ADAPTAÇÃO

A única certeza da vida é a mudança. Ser receptivo às mudanças é um comportamento que deve ser estimulado. Com isso em mente, partimos para o gerenciamento desses resultados – sem medir não é possível gerenciar. Uma organização com pessoas alinhadas e criativas se une pela construção da cultura de resultados. O negócio passa a vender mais, atender melhor e crescer. Nos estudos e experiências, Luan relata que as pessoas, naturalmente, ficam mais comprometidas com a organização e novos comportamentos são construídos. Ele alerta:

> Logo se percebe que os comportamentos que um ser humano precisa cultivar vão além de engajar em um propósito e novamente nasce a necessidade de se adaptar. A organização começa a perceber que as pessoas estão adoecendo e que o desgaste que está acontecendo com os colaboradores está sendo percebido por eles e por todos ao seu redor. Novas questões passam a existir e se conectam com a necessidade da construção de novos comportamentos, estes ligados mais com a natureza humana, como a necessidade de pausar. A liderança passa a ter um novo desafio, agora passa a ser necessário obter novas habilidades e construir um ambiente mais feliz e saudável, além de criativo.

A tese defendida por ele é de que a liderança humanizada deve se preocupar com o estado de consciência dos seus colaboradores e desenvolver uma inteligência coletiva extraindo o melhor de cada ser humano que deposita sua vida no ambiente de trabalho. A organização moderna, então, precisa ter indicadores para responder à seguinte questão: Quão saudável a sua cultura organizacional está para contribuir com a sustentabilidade da organização?

Há anos se dedicando ao campo dos estudos da compreensão da cultura organizacional, Luan descobriu que pouquíssimo se pode fazer quando tentamos apenas suprir o desejo das pessoas dentro do ambiente organizacional. Por mais que existam, hoje, estratégias eficazes para remunerar, deixar o ambiente mais leve, dar autonomia, cultivar bons momentos, sempre existirá algo a evoluir. A questão está em melhorar o quê? Para quem? Quando? E como? Ele explica:

> Quando falava com os colaboradores sempre notava que lhes faltava algo, ele nunca sabia ao certo o que queria e acabava depositando isso, assim como a maioria dos seres humanos, em seus desejos mais imediatos. Comecei a estudar mais profundamente sobre o comportamento

humano e como a felicidade poderia apoiar o ambiente organizacional, e foi na ciência da felicidade que consegui as respostas para construir um ambiente que pudesse aumentar o estado de consciência das pessoas para que elas pudessem construir sua própria felicidade no trabalho, e que no ganho coletivo dessa construção a organização pudesse ser uma organização mais humanizada e próspera.

É aí que entra a felicidade no trabalho, com o apoio da ciência da felicidade, utilizando essa sensação como principal indicador da cultura organizacional. Por meio de uma nova geração de indicadores, ele constatou que, ao implementar um programa de felicidade, é possível impulsionar uma cultura positiva ao longo do caminho e construir uma organização mais sustentável.

UM CAMINHO PARA INDUZIR A FELICIDADE

Comece com uma visão clara sobre comportamentos que sua liderança precisa construir.

1. Promova o alinhamento entre processos e pessoas considerando sempre que exista uma gestão visual, transparente, inspecionável e adaptável.
2. Escolha as melhores ferramentas para destravar a criatividade humana e deixe o ser humano brilhar.
3. Com condição adequada, ou seja, felicidade no trabalho, cobre do ser humano que ele seja a melhor versão dele no trabalho para construir junto dos seus pares o melhor resultado para o negócio.

A felicidade é um objetivo comum da maioria dos seres humanos. Uma vez que entendemos a evolução da cultura organizacional, e aprendemos mais sobre a liderança da organização a partir da gestão de pessoas e da cultura, podemos promover novos comportamentos para mantê-la saudável, sustentável e próspera.

10

INTELIGÊNCIA EMOCIONAL

NO MUNDO DOS NEGÓCIOS, EXISTE UMA COMPETÊNCIA vital que é comumente subestimada – a inteligência emocional (IE). Para empresários, empreendedores, líderes, gestores, intraempreendedores e todos aqueles que lidam diariamente com pessoas, desenvolver a inteligência emocional é um dos pilares fundamentais para ter mais resultados. Mas por quê?

Imagine a seguinte situação: você está em um momento de instabilidade emocional. Os resultados da empresa não estão bons e você está também com problemas em sua vida pessoal. Para piorar, uma pessoa da equipe de vendas traz um problema que precisará ser resolvido com urgência. E agora? O que fazer? Se não souber lidar com as suas emoções, muito provavelmente você misturará a sua vida pessoal com a profissional e não tomará as melhores decisões diante dessa situação. Como consequência, poderá estar jogando oportunidades no lixo ou colocando em xeque resultados necessários para que você cresça o seu negócio. Essa é a chave da inteligência emocional, é a capacidade que temos de gerenciar as nossas emoções e lidar com elas de maneira adequada para que possamos reagir apropriadamente às situações cotidianas.

Daniel Goleman, um dos precursores ao falar sobre o tema, publicou em 1995 o livro *Inteligência emocional*, em que explicava os pilares daquilo que se tornaria mandatório para todas as pessoas que buscam a evolução a partir do autoconhecimento. Para ele, dominar as emoções é também perceber o que se sente, raciocinar a partir desse entendimento, compreender o que está se passando dentro de nós e, assim, gerenciar os sentimentos. Mas como? A partir da autoconsciência, da automotivação, da empatia e das habilidades sociais que adquirimos ao longo de nossa vida: "A chave para uma tomada de decisão mais sábia é, em suma, estar mais sintonizado com nossos sentimentos".[33]

Fazendo uma análise para o mundo dos negócios em *Liderança: a inteligência emocional na formação do líder de sucesso*, Goleman fala que:

> [...] As habilidades da inteligência emocional – quão bem gerimos nossa vida e nossos relacionamentos – são as habilidades que distinguem aqueles com desempenho excepcional. E quanto mais se sobe em uma organização, maior a importância da IE [inteligência emocional] para distinguir os líderes mais eficazes.[34]

A jornada empreendedora é repleta de desafios inesperados e oscilações de altos e baixos. Tenho certeza de que você já passou por algum (ou alguns) desses desafios, então gerenciar as emoções é indispensável para ultrapassar momentos turbulentos nos negócios. E, confesso, por muito tempo desacreditei da importância de ter uma mentalidade forte para crescer. Confesso que desdenhei da necessidade de estar preparado mentalmente para os maiores desafios. Porém, ao me aprofundar nos estudos e entender sobre como os maiores visionários conquistam grandes objetivos, constatei que a principal característica que os une é ter uma mente blindada para superar as dificuldades, dar aos problemas a dimensão que eles merecem e manter o foco no crescimento.

Vejo, portanto, que ter inteligência emocional é também blindar a nossa mente, pois tudo começa a partir dela: ideias novas, soluções, resoluções de problemas, análises de resultados etc. É como uma faísca que se acende dentro de nós e cresce a partir das proporções que damos. Assim, a nossa mente criativa deve estar preservada, blindada para os bombardeios e ruídos externos. E esse é um dos ensinamentos mais importantes do mundo dos negócios.

---

33 GOLEMAN, D. **Inteligência emocional**: a teoria revolucionária que redefine o que é ser inteligente. Rio de Janeiro: Objetiva, 1995.

34 GOLEMAN, D. **Liderança:** a inteligência emocional na formação do líder de sucesso. Rio de Janeiro: Objetiva, 2015.

Mas o que é blindar a nossa mente? É expandi-la. Por mais que pareça contraintuitivo, blindar a mente é olhar para fora, entender as nossas emoções e conseguir lidar melhor com todas as adversidades que aparecerão. Ao proteger a nossa saúde mental, estamos preenchendo o nosso HD cerebral com significados positivos porque estamos abrindo espaço para expandir e amplificar. E isso vai além de simplesmente evitar pensamentos negativos. É uma prática para fortalecer a mentalidade para que ela esteja preparada e seja resiliente diante dos problemas e possíveis fracassos.

Uma mente blindada é aquela que se recupera rápido, aprendendo com os erros e seguindo em frente com mais sabedoria e força. Essa é a característica mais comum entre os maiores realizadores do mundo. É a inteligência emocional que prepara a base estrutural e permite que sejam tomadas as decisões de riscos que geram os maiores *cases* mundiais de sucesso. Percebe a importância da inteligência emocional?

No contexto dos negócios e da busca por resultados, ela exerce papel crucial para engajar e navegar com sucesso nas próprias emoções e nas emoções das pessoas que nos cercam. É uma habilidade indispensável para todos, mas sobretudo para os líderes. Com a mente treinada e consciente, um líder é capaz de motivar a equipe, gerenciar o estresse e os conflitos, tomar decisões equilibradas e estabelecer relacionamentos de trabalho produtivos e positivos.

Assim, se você quer se destacar e cumprir com o seu comprometimento de alavancar a sua empresa, é preciso ter mais inteligência emocional em sua vida.

UMA FORÇA EM COMUM

Qual atributo você imagina que possuem, em comum, Elon Musk, Richard Branson, Jeff Bezos, Steve Jobs e Warren Buffett? Sem pensar muito, eu diria: **coragem**. Quando o assunto é inteligência emocional, gestão de riscos e busca pelo sucesso, a coragem é uma habilidade fundamental que precisa ser desenvolvida.

Elon Musk, empresário disruptivo, filantropo sul-africano-canadense, fundador da Tesla, SpaceX e SolarCity, desafiou o lugar-comum ao falar que uma de suas metas de vida é colonizar Marte.[35] Desenvolveu

---

35 WATTLES, J. Colonizar Marte pode ser perigoso e extremamente caro; Elon Musk quer fazê-lo. **CNN Brasil**, 2020. Disponível em: https://www.cnnbrasil.com.br/tecnologia/colonizar-marte-pode-ser-perigoso-e-extremamente-caro-elon-musk-quer-faze-lo/. Acesso em: 26 nov. 2023.

o maior foguete do mundo, o Starship, que fez tentativas em direção a esse objetivo e segue inovando no mundo da tecnologia. Musk é um exemplo de coragem! Não apenas investiu o seu próprio dinheiro em seus projetos, mas também arriscou a sua reputação e os recursos pessoais. Sua inteligência emocional é evidente em sua capacidade de perseverar e manter o foco, mesmo em momentos difíceis.

Fundador do Grupo Virgin, Richard Branson é também um visionário corajoso. É famoso por assumir riscos audaciosos, como lançar uma companhia aérea quando não tinha experiência nesse setor. Veja, em suas palavras, o que pensa sobre esse assunto:

> Empreendedores bem-sucedidos tendem a ter uma curiosidade insaciável a respeito de quase tudo, e com frequência são bons em aprender fazendo. A mente aberta e a postura de posso fazer estão entre o que eles têm de melhor.[36]

Branson tem uma abordagem descontraída e positiva, o que faz dele um ótimo exemplo de como a inteligência emocional pode ajudar a enfrentar desafios.

Já Jeff Bezos, fundador da Amazon e da Blue Origin, transformou as suas empresas em impérios globais e enfrentou, com coragem, inúmeros riscos ao longo do caminho. Mais recentemente, a Blue Origin foi escolhida pela Nasa para desenvolver um módulo lunar de passageiros que atenderá ao projeto Artemis, cujo objetivo é levar pessoas para fazer a volta à Lua até o fim da década.[37] Isso é visão de longo prazo, é ter coragem para inovar e fazer a diferença. Fato é que, para chegar aonde chegou, Bezos precisou lidar com a pressão emocional para sempre seguir em direção ao sucesso contínuo de suas empresas.

Cofundador da Apple, Steve Jobs é outro exemplo de coragem. Era conhecido por seu perfeccionismo e pela busca implacável pela inovação. Assumiu riscos com produtos diferenciados como o iPhone e o iPad, e possuía uma habilidade emocionalmente cativante de comunicar a sua visão. Isso tudo foi fundamental para o sucesso da Apple.

---

36 GAYTAN, H. Sem experiência? Sem problema. **Universo On Line**, 2014. Disponível em: https://noticias.uol.com.br/blogs-e-colunas/coluna/richard-branson/2014/03/20/sem-experiencia-sem-problema.htm. Acesso em: 26 nov. 2023.

37 NASA escolhe Blue Origin, de Jeff Besos, para desenvolver módulo lunar. **Valor Econômico**, 2023. Disponível em: https://valor.globo.com/empresas/noticia/2023/05/19/nasa-escolhe-blue-origin-de-jeff-bezos-para-desenvolver-modulo-lunar.ghtml. Acesso em: 26 nov. 2023.

Por fim, Warren Buffett, embora seja um investidor e não um empreendedor no sentido tradicional, é um exemplo de como a gestão de riscos e a inteligência emocional podem levar ao sucesso financeiro. É conhecido por uma abordagem calma e racional para investir, mesmo em momentos de volatilidade do mercado. Isso é coragem! E é admirável.

Percebe como a coragem é uma força em comum que une os maiores *cases* de sucesso dos negócios atuais? Para ter coragem, é preciso entender como calcular os riscos e combinar a tomada de decisão com a capacidade de lidar com os desafios e incertezas de maneira emocionalmente inteligente. E isso se dá porque a vida é repleta de oportunidades, mas muitas delas estão envoltas em incertezas e riscos. Essa habilidade é um divisor de águas entre aqueles que alcançam o sucesso e aqueles que ficam na zona de conforto. E aqueles que se dispõem a se expor ao risco têm maiores chances de encontrar recompensas significativas, mas essa jornada exige preparação para possíveis fracassos, ou seja, é preciso blindar a mente para interpretar possíveis cenários de perdas ou fracassos e ressignificá-los.

Para que fique claro, minha intenção não é incentivar a tomada de decisões precipitadas, tampouco enaltecer que as derrotas devem ser comemoradas. Tomar riscos não pode ser um ato impulsivo. Deve ser uma decisão ponderada e consciente para avançar em direção às metas e sonhos. Aqui, estou falando sobre a coragem de dar um passo adiante, mesmo quando o resultado é incerto e quando o futuro pode surpreender você com muitas decepções. Aqueles que optam por trilhar esse caminho sabem que não existe garantia de sucesso, mas também compreendem que o crescimento pessoal e a aprendizagem muitas vezes residem nas **tentativas** e **erros**.

Por isso, estar preparado para os possíveis fracassos é parte integrante do processo de evolução pessoal e profissional. É cuidar das emoções e sentimentos. Blindar a mente para a recuperação significa que, mesmo diante de desafios e contratempos, ela não vai desmoronar. Você precisa dominar a capacidade de enfrentar as adversidades com resiliência, adaptabilidade e determinação. Compreender os fracassos não como derrotas, mas sim como oportunidades para aprender e crescer.

No meu caso, aprendi há alguns anos a trabalhar isso em minha mente. Mesmo quando perco, mesmo quando tenho prejuízo em algum projeto, em alguma empresa, ressignifico aquele episódio e me sinto vitorioso. Sabe por quê? Olho as situações como grandes aprendizados. Se errei, analiso e sigo em frente. Não cometerei mais os mesmos erros, aprendi o caminho. Sobretudo os que não vão me levar aos resultados que almejo. Paguei, investi para aprender e já sei trilhar aquela estrada. Consegue entender qual é a diferença?

Cada fracasso traz consigo lições valiosas. Cada obstáculo superado fortalece a determinação. Essa é a essência que deve preencher o empreendedor visionário. A coragem de tomar riscos é o motor do progresso e da inovação. É o que impulsiona empreendedores a lançar novos negócios, atletas a quebrar recordes e artistas a criar obras-primas. É a força que nos tira da zona de conforto e nos leva a explorar territórios desconhecidos.

A coragem de tomar riscos é uma escolha. É a decisão de enfrentar o desconhecido com determinação e confiança. E, independentemente do resultado, essa coragem nos torna mais **resilientes**, mais **sábios** e nos coloca um passo **mais perto** de alcançar o sucesso que buscamos.

Sempre que estou no processo de análise da tomada de riscos, exercito mentalmente cenários futuros de prejuízos, derrotas e decepções. E me pergunto: *Ainda que eu tenha perdas reais, quais serão os meus ganhos?* A resposta para essa pergunta é crucial para a decisão de assumir ou não o risco. Depois que faço essa análise, decido seguir em frente ou não. É um exercício decisivo para a escolha de dizer sim ou não para novas ideias, soluções e projetos, ou até mesmo para as decisões do meu dia a dia.

Você costuma fazer essa análise? Costuma se perguntar sobre perdas e ganhos para as decisões tomadas no dia a dia? Costuma ter coragem para enfrentar os desafios e comemorar as conquistas? Esse é o princípio para desenvolver a inteligência emocional. E é disso que você precisa começar a cuidar a partir de agora.

ESTEJA PREPARADO

Você se considera uma pessoa resiliente? Acha que é uma pessoa autodisciplinada? O dicionário Priberam[38] define resiliência como a "capacidade de superar, de recuperar de adversidades", e o dicionário Aulete[39] define autodisciplina como a "capacidade de impor a si mesmo disciplina; o exercício dessa capacidade".

Na jornada da inteligência emocional, essas habilidades desempenham papel fundamental no avanço. A resiliência é a capacidade de enfrentar os desafios, superar as adversidades e se adaptar às

---

[38] RESILIÊNCIA. In: Priberam Dicionário. **Priberam Informática**, c2023. Disponível em: https://dicionario.priberam.org/resili%C3%AAncia. Acesso em: 26 nov. 2023.

[39] AUTODISCIPLINA. In: Aulete Digital. **Lexikon Editora Digital**, c2023. Disponível em: https://www.aulete.com.br/autodisciplina. Acesso em: 26 nov. 2023.

circunstâncias. Gosto muito de fazer uma conexão entre a resiliência e os princípios do estoicismo, filosofia antiga que nos ensina a encontrar força e sabedoria em nossas respostas emocionais às situações.

Os estóicos nos lembram que muitos aspectos da vida estão além do nosso controle, mas o que podemos controlar é a nossa **reação** a eles. Isso se relaciona diretamente à inteligência emocional, que nos incentiva a reconhecer e gerenciar as nossas próprias emoções. Ou seja, ao aceitar que não podemos controlar tudo, podemos encontrar serenidade mesmo em meio às adversidades.

Já a autodisciplina é outra pedra angular do estoicismo ao nos ensinar a exercer controle sobre os nossos impulsos emocionais. Isso se traduz em um componente fundamental da inteligência emocional, permitindo-nos tomar decisões racionais e equilibradas, mesmo em momentos emocionalmente carregados. Os estóicos também nos mostram a importância de valorizar o **presente**, uma vez que é o único momento real que temos.

Pensando sobre isso e ao incorporar essa perspectiva à inteligência emocional, podemos refletir sobre as emoções desafiadoras que enfrentamos e usar essas experiências para nos tornar mais resilientes e emocionalmente inteligentes. Mas como? A partir do controle interno, da aceitação, da autodisciplina, da valorização do momento presente e dos aprendizados que vêm com as adversidades.

Para os estóicos, o controle interno enfatiza a importância de focar o que podemos controlar e aceitar em vez de lutar contra o que não podemos. Veja: não temos o controle de tudo e precisamos reconhecer isso. Nem sempre as coisas acontecerão como esperado e gerenciar as nossas emoções perante esses momentos é controlar a nós mesmos em vez de sermos controlados por nossa mente. O que está diretamente relacionado à aceitação. É preciso aceitar os eventos que não podemos mudar e encontrar serenidade mesmo nos momentos de adversidade. Isso é lidar de modo saudável com as emoções negativas e não se deixar consumir por elas.

Temos, depois, a autodisciplina, que nos ajuda a alcançar a sabedoria e a tranquilidade uma vez que entendemos sobre como gerenciar as nossas próprias emoções. Com isso, você conseguirá controlar os seus impulsos emocionais e tomar decisões mais assertivas.

É preciso valorizar o presente e aprender com os erros. Precisamos estar conscientes de nossas atitudes e decisões e ver como oportunidade de crescimento tudo aquilo que não sai como esperado. Lidar com as situações difíceis não é fácil, mas é sinônimo de inteligência emocional.

Pensando sobre todos esses pontos, a seguir apresento os sete passos que considero fundamentais para que você trabalhe a inteligência emocional em sua vida e leve isso para o seu negócio.

PRIMEIRO PASSO - AUTOCONHECIMENTO

Autoconhecimento é a chave! Para que possa ter mais inteligência emocional, você precisa olhar para si mesmo, entender como se sente e quais são os motivos que o colocam nesse estado. Identifique e compreenda as suas emoções, reconheça os seus gatilhos emocionais e aprenda a gerenciá-los.

SEGUNDO PASSO - RESSIGNIFICAÇÃO

Os obstáculos aparecerão, então ressignifique isso de modo adequado. Comece, a partir de agora, a ver os desafios como oportunidades de crescimento.

TERCEIRO PASSO - DESAFIOS SÃO IMPULSIONADORES

E se todas as dificuldades fossem, na realidade, como trampolins que você utilizará para chegar ao próximo degrau? Encare os desafios como impulsionadores do seu progresso pessoal.

QUARTO PASSO - AUTOIMAGEM POSITIVA

Como você tem percebido a si mesmo? Como tem sentido a sua imagem pessoal? Ter uma autoimagem positiva é fundamental para desenvolver a inteligência emocional, então cultive isso em sua jornada. Olhe para si mesmo com carinho, entenda o que é preciso mudar e abrace essa mudança.

QUINTO PASSO - MENTALIDADE EMPREENDEDORA

Não adianta fazer todos os passos anteriores se você não cultivar uma mentalidade empreendedora. Pense grande, aja de modo consciente. Mesmo nas pequenas decisões do dia a dia, utilize essa mentalidade para sempre caminhar em direção aos seus objetivos.

SEXTO PASSO - FOCO

Você tem foco? É determinado? Foco e determinação são variáveis imprescindíveis para os empreendedores de sucesso. Silencie a mente para os problemas irrelevantes, melhore a sua tomada de decisões e vigie os seus comportamentos. Tenha foco no que levará você aos resultados que deseja.

SÉTIMO PASSO - RESILIÊNCIA

Falamos sobre a resiliência, mas quero reforçar a importância, aqui, de aprender técnicas de enfrentamento saudáveis para que você consiga lidar com o estresse e com a ansiedade. Infelizmente, esses sentimentos são inevitáveis. O que mudará é a maneira como você lida com tudo isso.

Aprender sobre inteligência emocional é estar preparado para o futuro incerto, é visualizar que nem todos os dias serão bons e nem todas as decisões trarão resultados positivos, mas todas elas podem, com certeza, trazer aprendizados para que você não erre mais nessas áreas. É cuidar para que a sua mente esteja afiada o suficiente para que você reaja de modo adequado diante das adversidades.

Você não precisa estar preparado para tudo, mas, se algo acontecer, ter inteligência emocional é o que protegerá você de tomar atitudes inadequadas por mero despreparo.

PARA SE INSPIRAR

Em vários momentos da nossa jornada reforcei os conceitos que considero importantes dentro da inteligência emocional e tenho repetido à exaustão sobre algo que está ao alcance de todos: a expansão da mentalidade empreendedora e a importância de ter mentores adequados ao longo do caminho.

Por ter convivido com muitos autores best-sellers, palestrantes, empresários e empresárias visionários e mentores que contribuíram muito para o meu desenvolvimento pessoal e profissional, quero destacar um autor que foi fundamental em meu processo de aprendizado e desenvolvimento de inteligência emocional: Paulo de Paula.

Autor de dois best-sellers, *Eu sou, eu posso*[40] e *Diamantes invisíveis*,[41] Paulo fundou a maior universidade do norte e do nordeste do Brasil, a Universidade Potiguar (UNP), que chegou a ter cerca de 50 mil alunos matriculados e depois foi vendida para um grupo de investidores estadunidenses. Ele é um grande realizador e tem sido incentivador da minha jornada empreendedora.

O seu primeiro livro nasceu a partir de discussões filosóficas nossas dentro do meu escritório. Os primeiros textos e a primeira diagramação

---

40 PAULA, P. de. **Eu sou, eu posso!** O mantra da Filosofia e da Física Quântica que transforma vidas. São Paulo: Gente, 2020.

41 PAULA, P. de. **Diamantes invisíveis.** Lapide seus sentimentos. Use a neuroplasticidade! São Paulo: Gente, 2022.

também foram realizados na minha empresa, e percebi que ali existia um conteúdo de muito valor que precisava chegar a milhares de pessoas. E isso só seria possível por meio de uma grande editora. Foi assim que levei Paulo para uma reunião com a Rosely Boschini, CEO da Editora Gente, e a mágica aconteceu.

É uma obra que vai além da inteligência emocional e traz ensinamentos da Física Quântica, da Neurociência e da Filosofia. É um guia inspirador que ensina a materializar sonhos apesar das adversidades, a se reencontrar dentro de si e do universo que o cerca e a aplicar o conhecimento aprendido em todos os campos de vida.

Em parceria com Iveraldo Guimarães, Paulo discorre, com leveza, sobre como compreender os conceitos das variáveis determinantes da vida, tanto positivas, configuradas no amor, na generosidade, na gratidão quanto negativas, como o egoísmo. Aborda, ainda, a busca pelo chamado anticódigo, processo de autocura para superar sofrimentos psíquicos, e a expansão de repertório com conhecimentos científicos, filosóficos e ancestrais. É uma leitura fundamental para quem busca o autoconhecimento!

Já em seu segundo livro, *Diamantes invisíveis*, Paulo ensina a ressignificar sentimentos e sensações em direção a uma vida próspera. Defende que os pensamentos positivos e o exercício da gratidão podem, sim, mudar a nossa realidade e a nossa visão de mundo. "A ressignificação dos seus sentimentos é o segredo para uma vida com realizações positivas. Os hábitos, negativos ou positivos, são um padrão de funcionamento da mente, você pode mudá-los", afirma Paulo de Paula.

Além desse mentor incrível e generoso que faz parte da minha jornada, não posso deixar de mencionar outras duas obras fundamentais dentro do tema inteligência emocional: *A coragem de não agradar*, de Ichiro Kishimi e Fumitake Koga,[42] e *A coragem de ser imperfeito*, de Brené Brown.[43]

Kishimi e Koga exploram os conceitos da psicologia adleriana, de Alfred Adler, uma abordagem psicológica que se concentra na busca pela autenticidade e na superação da necessidade de aprovação dos outros. No cerne do livro está a ideia de que buscar a própria felicidade e autenticidade não significa necessariamente agradar a todos, e isso é uma

---

42 KISHIMI, I.; KOGA, F. **A coragem de não agradar**: como a filosofia pode ajudar você a se libertar da opinião dos outros, superar suas limitações e se tornar a pessoa que deseja. Rio de Janeiro: Sextante, 2018.

43 BROWN, B. **A coragem de ser imperfeito**: como aceitar a própria vulnerabilidade, vencer a vergonha e ousar ser quem você é. Rio de Janeiro: Sextante, 2016.

forma poderosa de crescer como indivíduo. Temos que fazer um exercício permanente para superar o medo do julgamento dos outros e abraçar uma vida mais genuína. A essência da obra prega que devemos viver de acordo com os nossos próprios princípios e valores em vez de buscar a aprovação dos outros como um caminho para a verdadeira felicidade e realização pessoal.

Já Brené Brown desvenda os conceitos da vulnerabilidade. Tudo começa pela aceitação de nossa própria vulnerabilidade em vez de tentar escondê-la ou mascará-la. A coragem de ser autêntico, apesar das imperfeições, pode levar a uma maior conexão com os outros e a uma sensação de realização pessoal. Ela argumenta que é por meio desse processo que podemos encontrar uma verdadeira aceitação de nós mesmos e uma maneira mais plena de viver.

Separe um tempo para estudar sobre inteligência emocional, busque conhecimento – e autoconhecimento –, entenda a si mesmo e esteja em constante evolução. Ter esse cuidado faz diferença na vida do empreendedor. E pode ser essa diferença que separa você daqueles que estão avançando e conquistando os objetivos.

11

POSICIONAMENTO ÚNICO

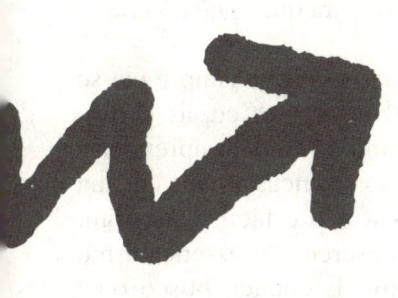

SE HOJE VOCÊ TEM UMA EMPRESA QUE VENDE ALGUM TIPO de produto ou serviço, se utiliza a sua comunicação para melhorar os seus resultados e se consegue entender o seu propósito e a essência da marca para que possa se posicionar melhor no mercado em que atua, saiba que você está entre os 5% mais bem posicionados atualmente.

O posicionamento de um negócio, há muito tempo valorizado e estudado, tem cada vez mais ganhado força no universo dos negócios que se preocupam com crescimento. E isso acontece porque não basta você entender o seu porquê, é preciso conseguir comunicar esse propósito de modo efetivo para que se destaque. E vou além: como empreendedor, não adianta cuidar apenas da comunicação do negócio como marca, é preciso também cuidar da sua comunicação como indivíduo para que você esteja muito bem-posicionado em seu nicho.

Essa é a lógica: o posicionamento de um negócio parte do princípio de que marca e indivíduo precisam entender os seus valores únicos, comunicar isso de modo efetivo e, assim, estarão se posicionando e construindo uma estratégia que vai ao encontro do crescimento.

E posicionamento não é só o que você posta nas redes sociais. Seja a sua rede pessoal ou as mídias da sua marca. Posicionamento é a construção diária de tudo o que você faz, inclusive quando ninguém está olhando. Repito isso à exaustão em minhas palestras e mentorias quando do chegamos ao momento em que o empreendedor precisa construir um posicionamento único porque é preciso que essa construção esteja grudada em sua mente. Ao entender e definir a sua área de atuação, você precisa se especializar nisso, construir uma base de conteúdo sólida, ser genuíno e verdadeiro em tudo o que faz.

Depois, é impossível não conectar essas descobertas ao seu propósito. Tanto pessoal quanto do negócio. Quanto mais essa equação estiver alinhada, mais facilidade você terá de construir um posicionamento único, que tenha o reconhecimento e engajamento do seu público. Ter um posicionamento único é criar diferenciação para que você não fique invisível na multidão.

No Capítulo 4 falamos sobre o conceito do essencialismo e ele se aplica perfeitamente aqui. Fazer o essencial é fazer as coisas certas, com foco e dedicação. Praticar o essencialismo é também aprender a dizer sim para o que quer e não para o que não se encaixa mais em sua jornada. Mas perceba que sei que essa tarefa não é fácil. Para mim, em muitos momentos, é um grande desafio exercitar o essencialismo diante dos inúmeros negócios que administro. E quando busco uma maneira única de me comunicar, essa tarefa fica ainda mais complexa. Isso acontece porque, ao liderar empresas em segmentos diferentes, ter um posicionamento e, consequentemente, uma comunicação única, nem sempre faz parte da realidade em minha vida. Porém, o exercício é válido e o pratico a todos os momentos.

Talvez você esteja pensando que eu não deveria apresentar as minhas vulnerabilidades assim, mas discordo disso. Falar sobre as dificuldades que tenho já foi um grande peso, hoje não é mais. Aos poucos tenho percebido que essa exposição representa um ganho para quem escuta as minhas orientações e experiências. Ou seja, reconhecer que estou buscando o caminho do posicionamento único, tendo que abrir mão, aos poucos, do que é natural para mim e dizer não a muitas boas oportunidades, é uma maneira de mostrar a você que não está sozinho. Igualmente, é um gesto para encorajar quem já achou a sua essência e está focado em aperfeiçoar o posicionamento.

Por isso, a primeira prática que vou apresentar e que vai em direção à construção do posicionamento único é o que chamo de *zoom out*. Pautado em uma expressão em inglês, fazer o *zoom out* em termos técnicos seria como diminuir o zum da sua câmera para que você consiga olhar a paisagem de modo macro, englobando mais elementos e menos detalhes. Em um mapa, você pode olhar a cidade de São Paulo ou dar *zoom out* para checar o território do Brasil. Para o posicionamento único, fazer o *zoom out* é ampliar a sua visão em relação ao que você está fazendo hoje em sua vida e negócio. Então quero propor um exercício de mentalização.

Vamos simular um exercício para que você se afaste da sua posição atual, para que deixe de olhar internamente para si mesmo e tente olhar como se fosse um observador distante que está dando *zoom out* em sua jornada. Feche os olhos, faça esse exercício, se olhe de longe e responda:

- Como estou me vendo?

_____

- Como me posiciono?

_____

- Como são as minhas entregas nas redes sociais?

_____

- Como me visto?

_____

- Como as pessoas me percebem?

_____

- Se não estivesse na sala, quais seriam os comentários que as pessoas fariam sobre mim?

_____

Entender como as pessoas percebem você – e, à vista disso, o seu negócio – é uma maneira de entender como está o seu posicionamento atualmente. Fazer isso dá uma visão clara de qual é a situação atual para que você possa ajustar e melhorar o que tem feito até então. Guarde essas percepções e faça a mesma mentalização com o seu negócio. Faremos dois exercícios ao fim do capítulo sobre posicionamento único.

É importante que você saiba como é percebido para que entenda o seu valor e o mesmo vale para o seu negócio. O próximo passo, dentro de posicionamento único, é falarmos sobre comunicação, habilidade que está diretamente ligada ao tema.

COMUNICAÇÃO É A CHAVE DO SUCESSO

Há uma lição importante do mundo dos negócios que carrego comigo: muita gente menos competente do que você vai se dar melhor simplesmente porque se comunica melhor. Pare e pense: lembre-se da época da escola, das pessoas que estavam em sua sala de aula. Existia aquele aluno que não era tão inteligente, mas sempre tirava notas melhores porque era confiante e se comunicava muito bem? Agora, volte para o mundo profissional. Pense sobre profissionais ótimos que comumente não são valorizados ou conhecidos pela falta de comunicação adequada do trabalho excelente que executam. Eu diria que isso é muito comum!

Essa é outra reflexão que sempre trago para meus alunos e mentorados porque traduz a ideia de que nem sempre o melhor é o mais conhecido. De todas as *soft skills*, ou habilidades comportamentais, a comunicação, para mim, é a principal competência de um empreendedor de sucesso. Você pode ser um excelente advogado, um brilhante juiz de direito, um médico com expertise única em um nicho específico, um engenheiro meticuloso ou uma arquiteta talentosa. Pode ser o melhor no seu segmento, mas, se não estiver treinado em comunicação, as suas chances de ter sucesso diminuem consideravelmente. E comunicação fala sobre confiança, coragem, postura e presença.

Amy Cuddy, psicóloga social e autora best-seller, fala sobre isso em seu livro *O poder da presença*: "Quando nos sentimos corajosos e confiantes, nosso tom de voz fica significativamente mais variado, o que nos torna mais expressivos e relaxados".[44]

Joe Navarro, palestrante, especialista em linguagem não verbal e autor best-seller, e Toni Sciarra Poynter, escritora, editora e consultora especialista em marketing, também trazem a comunicação como uma das habilidades das pessoas excepcionais. Ela serve não apenas para informar, mas também para transformar a maneira como as pessoas nos veem. Muda a nossa imagem e, consequentemente, o nosso posicionamento único: "Adotando habilidades verbais e não verbais, podemos expressar ideias de forma mais eficiente e intencional, apelando ao coração e à mente e estabelecendo laços que constroem confiança, lealdade e harmonia social".[45]

Para a maior parte das pessoas que conheço, o processo natural da carreira é estudar, frequentar a escola tradicional, prestar o vestibular, entrar na universidade, cursar a graduação (em geral, quatro anos) e entrar no mercado de trabalho. Talvez existam pequenas variações para essa lógica, até porque o mundo está mudando muito e a verdade é que nem todas as carreiras pedem uma formação universitária, entretanto essa é a dinâmica da maioria. Algumas dessas pessoas até continuam o processo de aprendizagem, seguindo MBAs, pós-graduações, mestrado,

---

44 CUDDY, A. **O poder da presença**: como a linguagem corporal pode ajudar você a aumentar sua autoconfiança e a enfrentar os desafios. Rio de Janeiro: Sextante, 2016.

45 NAVARRO, J.; POYNTER, T. S. **As cinco habilidades das pessoas excepcionais**: como conquistar a confiança, ganhar o respeito e influenciar positivamente as pessoas. Rio de Janeiro: Sextante, 2022.

doutorado e tantos outros cursos possíveis. Porém, o que poucos valorizam é o treino da comunicação, da oratória e da persuasão. E isso é fundamental! Fará com que a sua carreira decole muito mais rápido e os resultados do seu negócio sejam impulsionados uma vez que você passará a se apresentar de modo mais adequado, estará cuidando do seu posicionamento como empreendedor e fará negociações com muito mais habilidade do que está acostumado.

Esse é o verdadeiro motivo para que eu faça um alerta aos meus alunos e mentorados sobre a importância de encontrar o posicionamento único e começar a se comunicar de modo competente, testando, arriscando, se expondo, sendo vulnerável e obtendo resultados cada vez melhores ao longo do processo. E quando faço esse alerta, sempre reforço: vivemos em um mundo com infinitas ferramentas de comunicação digital que permitem que todas as pessoas, muitas vezes sem uma especialização nem curso universitário, sejam mais bem-sucedidas simplesmente porque treinam, arriscam e acabam obtendo sucesso como bons comunicadores.

Para colocar o seu posicionamento em destaque, quero que você considere a comunicação como fator fundamental para que consiga fazer brilhar os olhos das pessoas no mercado em que está inserido. Existem muitas técnicas, orientações e ferramentas para iniciar o seu processo como comunicador. Estude, busque informações, leia livros, faça cursos, se arrisque e tenha coragem e confiança. Mas de nada adiantará fazer tudo isso se não souber os seus objetivos e, principalmente, como quer ser percebido pelo público e qual é o legado que espera deixar. Ter esses elementos muito claros é fundamental!

OS VINTE E TRÊS MANDAMENTOS DO POSICIONAMENTO ÚNICO

A competição comercial ecoa de maneira ensurdecedora nos tempos atuais, por isso, estabelecer uma posição única tornou-se algo não só estratégico, mas crucial para a sobrevivência e a prosperidade em um cenário mercadológico. Quero apresentar, assim, os vinte e três mandamentos do posicionamento único – uma ferramenta que desenvolvi ao longo de minha jornada empreendedora para ajudar a vislumbrar o potencial de remodelar a perspectiva, a construção e a comunicação de valor.

Pense comigo. Como é possível que o seu posicionamento se destaque nesse vasto mar de ofertas e mensagens? Como reverberar a singularidade para que não só atraia os consumidores, mas também os convença a ficar, acreditar e investir na sua proposta de valor? Essas são as perguntas que precisam ser respondidas a partir da faceta do posicionamento único, em que cada mandamento delineia um aspecto vital da jornada, iniciando pela articulação clara do seu diferencial e explorando a psicologia do consumidor.

Você precisa encontrar um caminho em que possa explorar a profundidade do engajamento humano e abarcar as estratégias de comunicação, a psicologia e a arte da autenticidade e da inovação. Então, verá que os mandamentos se desenrolam como um mapa, uma bússola que direciona em vez de dar um roteiro restrito.

PRIMEIRO MANDAMENTO: SEJA AUTÊNTICO

Defina um posicionamento único para o seu produto ou serviço. Identifique os diferenciais competitivos que tornam o seu conhecimento, a sua solução, a empresa, o produto ou o serviço especial. Depois que fizer essa definição, comunique esses diferenciais de modo claro e persuasivo ao seu público-alvo.

Posicionar-se bem trata-se de comunicar a sua especialidade de uma maneira que seja facilmente compreendida e valorizada pelo cliente. A comunicação persuasiva se torna uma ferramenta, transformando características únicas em propostas de valor tangíveis. Conquiste autoridade no mercado e atraia um público dedicado que valoriza os seus insights únicos. Seja autêntico! Isso diferenciará você da multidão.

SEGUNDO MANDAMENTO: COMUNIQUE COM CLAREZA

O cérebro humano é atraído pela clareza e foge da confusão. Quanto mais simples for a comunicação, com mais facilidade o cérebro entenderá. Uma comunicação clara é o alicerce para qualquer estratégia de posicionamento, ou seja, as mensagens que você envia precisam ser de fácil entendimento e não apenas facilitar a compreensão por parte do público, mas também ser memorizada com maior rapidez.

Pense na comunicação como algo que precisa ser direto e objetivo, focado na proposta central da mensagem. Elimine ruídos e potencialize o impacto da comunicação. Lembre-se sempre de que o cérebro humano é preguiçoso, ele evita esforços a qualquer custo, então, antes de se comunicar, pense sobre como o cérebro do seu interlocutor vai querer economizar energia caso você seja prolixo ou complexo. Mensagens que impactam e são lembradas são as mais simples e objetivas.

TERCEIRO MANDAMENTO: ATENDA
AOS DESEJOS EMOCIONAIS DOS CLIENTES

Produtos e serviços devem ser posicionados de modo que auxiliem os clientes a aplacar algumas de suas dores emocionais. São elas: sobreviver, prosperar, ser aceito(a), encontrar o amor, alcançar uma identidade, vincular-se a uma tribo.

Ao enraizar o posicionamento de produtos e serviços em necessidades humanas fundamentais, você está apelando para motivadores psicológicos profundos. Esse tipo de posicionamento não foca apenas a resolução de problemas práticos, mas também o atendimento de aspirações e desejos emocionais dos consumidores, criando uma ressonância mais profunda e construindo uma ligação que vai além do utilitário.

QUARTO MANDAMENTO: EXPANDA A SUA MENTE

Dediquei um capítulo inteiro para falar sobre isso, mas vale o reforço, com certeza. A mentalidade empreendedora vai além da simples gestão de um negócio e entra no reino de cultivar uma abordagem proativa, resiliente e inovadora para todas as facetas da operação comercial.

Antes de mergulhar na jornada empreendedora do posicionamento, é vital que o mindset esteja alinhado com a aceitação do risco, a convivência com a vulnerabilidade, a busca contínua por inovação e um compromisso incessante com a melhoria. É preciso expandir a mente antes de começar a se posicionar de maneira corajosa e eficaz.

QUINTO MANDAMENTO: ENTENDA A ECONOMIA DA INFLUÊNCIA

A influência tornou-se uma moeda de troca em nossa sociedade. Assim, compreender a economia da influência implica reconhecer o poder dos influenciadores digitais, das marcas pessoais e das plataformas sociais na modelagem das percepções e dos comportamentos do consumidor.

Estude como as marcas podem se posicionar com estratégia nessa economia, escolhendo colaborações e parcerias que estejam alinhadas com os seus valores e ressoem autenticamente com o seu público-alvo. Navegue na economia da influência e você estará mais perto do sucesso.

SEXTO MANDAMENTO: VALORIZE A SUA ESSÊNCIA

A lição é simples: quem segue fiel à missão em tudo o que faz, seja qual for seu porte, é provável que terá sucesso. Já quem perde de vista essa missão dificilmente triunfará. Preservar a essência e os valores fundamentais da marca é vital para garantir uma identidade coesa e autêntica. Isso não significa resistir à evolução, mas sim garantir que qualquer desenvolvimento ou *rebranding* esteja em sintonia com os princípios fundadores da empresa. Ao manter a essência intacta, a marca pode crescer e adaptar-se de maneira que ainda ressoe verdadeiramente com o seu público fiel.

SÉTIMO MANDAMENTO: SEJA REAL

Estamos saturados com imitações e similaridades. Ser real e verdadeiro é imperativo! E será um diferencial competitivo potente para o seu posicionamento. Ao conseguir transmitir a verdade, você demonstrará por que a marca é única e indispensável.

Pense sobre o que torna o seu posicionamento e o do seu negócio único, o que faz com que você se destaque. Ao entender isso, conseguirá analisar a sua proposta única de valor e ela não pode ser facilmente replicada.

OITAVO MANDAMENTO: ABRACE UMA CAUSA

Lembra-se de quando falamos que muitos negócios começam a partir da indignação de pessoas comuns? Entender isso ajuda também a defender uma causa. Ao fazer isso, você pode estar criando um grande negócio, então transforme a sua causa em um negócio ou vice-versa.

Negócios e causas não são mutuamente exclusivos. Ao contrário, alinhar o seu negócio com uma causa pode promover um sentido de propósito tanto interna quanto externamente. Isso cria uma dupla vitória de impulsionar a mudança positiva no mundo enquanto constrói uma reputação de marca compassiva, consciente e responsável, a qual muitos consumidores modernos valorizam muito.

NONO MANDAMENTO: DOMINE A ARTE DA MODELAGEM

Você já ouviu falar sobre modelagem? Ela tem como objetivo aprender por meio da observação e imitação do comportamento de outras pessoas e é uma estratégia valiosa para acelerar o crescimento e evitar armadilhas comuns. Por exemplo: você conhece um empreendedor que já passou por determinada dificuldade que você está passando agora. Por que não conversar com essa pessoa e entender, a partir da modelagem, como você pode pensar em soluções para o seu problema?

Mentorias e aprendizados com aqueles que já trilharam caminhos semelhantes podem proporcionar insights inestimáveis, mas tenha sempre um olho crítico para adaptar as lições aprendidas ao seu próprio contexto e valores. Só os animais fazem por instinto. O ser humano faz observando as outras pessoas. E veja: isso não significa copiar, e sim observar o que dá certo para fazer as adaptações necessárias antes de implementar.

DÉCIMO MANDAMENTO: FAÇA O SEU CLIENTE SER O HERÓI

Clientes não procuram heróis, eles procuram guias. Ele deve ser o herói, e não a sua marca. Adotar a perspectiva de que o cliente é o herói da história e a sua marca é o guia ajuda a moldar as estratégias de comunicação, de marketing e de posicionamento que são centradas no cliente, ressoando mais profundamente com as suas necessidades, desejos e jornadas. Trata-se de facilitar as suas vitórias e prover soluções em vez de promover a marca como o foco principal.

DÉCIMO PRIMEIRO MANDAMENTO: GERE EMPATIA E AUTORIDADE

Há duas coisas fundamentais que todo negócio deve comunicar para se portar como guia: empatia e autoridade. Encontrar o equilíbrio entre demonstrar genuína empatia e manter uma posição de autoridade no mercado pode ser desafiador, mas é crucial para ser percebido como um líder confiável e cuidadoso no seu setor. A empatia cria relações, enquanto a autoridade constrói confiança na sua expertise e soluções.

DÉCIMO SEGUNDO MANDAMENTO: SEJA UM GUIA COM UM PLANO CLARO

Se estivesse perdido na floresta com uma pessoa, você a seguiria se ela não demonstrasse ter ao menos um plano claro do que fazer? Provavelmente não. O mesmo acontece com os clientes: eles confiam em um guia que tem um plano.

Eles querem soluções e orientações claras para os seus problemas e desafios. Assim, ao apresentar um plano claro, um passo a passo sobre como a sua marca vai auxiliá-los a superar obstáculos ou alcançar objetivos, você estabelece clareza e oferece uma direção tangível, o que é, muitas vezes, um diferencial significativo no mercado.

DÉCIMO TERCEIRO MANDAMENTO: ESTIMULE O CLIENTE A AGIR

Os clientes só agem se forem estimulados. Por isso, a jornada do cliente deve ser pontuada por chamadas para ações eficazes e estratégias que incentivem a participação ativa e o engajamento com a marca.

A compreensão psicológica, aliada a táticas de marketing, pode criar um caminho que não só conduz, mas também energiza o cliente a dar os próximos passos. É fundamental que a estratégia de comunicação e o posicionamento sejam sempre acompanhados de chamadas para a ação, ou *call to action* (CTA).

DÉCIMO QUARTO MANDAMENTO: ILUSTRE AS CONSEQUÊNCIAS DA INAÇÃO

Além de chamar o consumidor para agir, você precisa mostrar a ele quais são as consequências da falta de ação. A motivação, muitas vezes, vem da compreensão das implicações negativas de permanecer inativo. Nem sempre ficar parado é a melhor resposta!

Ao mostrar claramente os riscos e desvantagens que vêm com a falta de ação ou a escolha de uma solução alternativa, a marca pode se posicionar como uma salvadora, proporcionando uma rota mais segura e benéfica. Mostre ao seu cliente, portanto, as consequências negativas de não escolher a sua solução. Destaque os riscos de ele não agir.

DÉCIMO QUINTO MANDAMENTO:
ESTIMULE A CRIAÇÃO DE IDEIAS

Ideias, muitas vezes, emergem nos momentos mais inesperados e de maneiras variadas. Ao cultivar um ambiente que estimule a criatividade e ofereça espaço para a reflexão e experimentação, tanto solitária quanto coletiva, você instiga o nascimento de conceitos e soluções inovadores.

DÉCIMO SEXTO MANDAMENTO:
TRANSFORME INQUIETAÇÃO EM AÇÃO

A inquietação criativa, quando canalizada corretamente, pode se tornar um motor poderoso para a inovação empreendedora. Desenvolver estratégias e ambientes que transformem essa energia em ações concretas e produtivas é fundamental para a evolução contínua e a manutenção da relevância no mercado.

DÉCIMO SÉTIMO MANDAMENTO:
SEJA ÁGIL E ADAPTÁVEL

A agilidade para navegar por mudanças e a habilidade de adaptar estratégias e operações rapidamente são ingredientes cruciais para a sobrevivência e a prosperidade em um mundo empresarial volátil. Isso fala sobre estar preparado para as mudanças, antecipando as tendências e sendo capaz de pivotar com eficiência e eficácia. Vivemos em um mundo camaleônico. Sobreviverá quem entender isso. É mudar rápido, ou morrer. Você não precisa ser o maior, precisa ser o mais ágil. E assim poderá ter resultados maiores.

DÉCIMO OITAVO MANDAMENTO:
QUESTIONE E MANTENHA OS SEUS VALORES

Ter valores claros e manter-se fiel a eles é importante para que a marca perpetuamente se questione e reavalie o seu propósito e método. Essa reavaliação, fruto de constante autoquestionamento, não apenas solidifica a essência da marca como também a mantém fresca, alinhada com relevância ao seu público e corretamente direcionada.

Na sua jornada de valor em busca do posicionamento ideal, questione--se. Não apenas aceite, não siga a boiada. Pergunte-se sempre: por que estou aqui? O que nasci para fazer? O que só eu tenho a oferecer ao mundo?

DÉCIMO NONO MANDAMENTO: PENSE VIRAL

A aspiração para que ideias e conteúdos se tornem virais é enraizada na compreensão do que ressoa com o público. Criar algo que as pessoas queiram compartilhar exige autenticidade, relevância e, muitas vezes, um toque de serendipidade.

Enquanto não há fórmula garantida para viralidade, focar a conexão emocional pode se provar frutífero. Para criar algo viral, é crucial responder à pergunta: Como posso fazer algo que as pessoas compartilharão por conta própria com o meu público?

VIGÉSIMO MANDAMENTO: DEFINA UMA BOA ESTRATÉGIA DE DISTRIBUIÇÃO

Embora o conteúdo seja crucial, a estratégia de distribuição determina a sua visibilidade e impacto. A chave é entender e acessar os canais nos quais o seu público-alvo está mais ativo e engajado. A distribuição deve ser estratégica e adaptada às peculiaridades da mensagem, do público e da plataforma para maximizar o alcance e o impacto. O conteúdo pode ser o rei, mas a distribuição é o reino.

VIGÉSIMO PRIMEIRO MANDAMENTO: ENTENDA A ARQUITETURA DA MENTE HUMANA

Produtos mudam e modas têm as suas ascensões e quedas. Porém, a arquitetura da mente humana é antiga e as mais básicas necessidades do ser humano são eternas: as necessidades de pertencimento, de escape, de aspiração, de entender e ser entendido.

Assim, estratégias bem-sucedidas ancoram-se nas necessidades humanas perenes. Reconhecendo e alinhando a proposta de valor da marca com as necessidades e desejos inalterados ao longo do tempo, as marcas podem manter uma relevância duradoura, mesmo nos cenários de mercado em constante mudança.

VIGÉSIMO SEGUNDO MANDAMENTO: MANTENHA A CONSISTÊNCIA E BUSQUE A SUSTENTABILIDADE

As pessoas querem tudo de modo rápido e fácil: retorno financeiro, promoção no trabalho, emagrecimento. No meu caso, prefiro apostar na sustentabilidade, em uma jornada contínua e progressiva.

Desafios são essenciais para as conquistas e seus objetivos serão alcançados com mais rapidez se você for um pouco além dos seus limites.

O segredo é superar os limites, pouco a pouco, sempre. Você precisa confiar no processo e manter a consistência nas ações, nas comunicações, ainda que seja uma rotina dolorosa. Não haverá resultado consistente sem esforço e doação.

VIGÉSIMO TERCEIRO MANDAMENTO: DEIXE QUE OS SEUS RESULTADOS FALEM POR VOCÊ

O resultado é o principal pilar na construção da sua autoridade. Então, antes de trabalhar para construir um posicionamento, produza resultados significativos. A partir daí, compartilhe isso com o mundo.

Em um mercado no qual cada interação conta, os resultados de uma empresa ou indivíduo emergem como os proeminentes arquitetos de sua reputação e do seu posicionamento. Resultados tangíveis, sejam eles financeiros, de satisfação do cliente ou de impacto social, operam como um potente catalisador na construção e sustentação da imagem pública. Uma história de sucessos consistentes, soluções inovadoras e uma trilha de clientes satisfeitos não apenas constrói, mas também cimenta uma reputação robusta no palco do mercado global.

A sinergia entre resultados expressivos e uma reputação sólida formam um pilar inabalável para um posicionamento de mercado que ressoe autoridade, confiabilidade e excelência.

Quero fechar trazendo essa reflexão: *Verdadeiros líderes são incansáveis no trabalho para identificar a sua essência, a sua luz interior, e fazer com que ela seja reluzente em todas as áreas e dimensões da sua vida.* Ter um posicionamento único é poderoso e faz parte do processo de diferenciação para que você tenha sucesso, então, não deixe de colocar em prática tudo o que falamos ao longo dos capítulos. Isso fará com que você seja precioso em seu mercado e tenha uma voz mais intensa e voraz.

EXERCÍCIO - PARTE 1: DESAFIO

Existem três perguntas que devemos responder se esperamos que os clientes se envolvam com a nossa marca.

1. O que ofereço?
2. Como isso melhora a vida das pessoas?
3. Como é feita a compra desse produto ou serviço?

Pensando nas redes sociais hoje, temos no Instagram uma ferramenta muito poderosa para apresentação e divulgação de serviços e produtos.

Considerando essa rede, portanto, quero desafiar você. Será que o seu cliente, ao observar o seu perfil em uma leitura dinâmica, consegue ter claramente a resposta para essas três perguntas? Ao olhar a sua bio, essas respostas estão aparentes?

Caso a resposta seja sim, parabéns, você está um passo adiante em posicionamento. Caso a resposta seja não, convido você a mudar o seu perfil e construir uma comunicação mais clara nas redes sociais para que esses elementos estejam tão claros quanto as águas cristalinas.

EXERCÍCIO - PARTE 2: QUAL É O DESEJO DO SEU CLIENTE?

A seguir, apresento um quadro que deve ser preenchido. Ele ajuda a direcionar melhor o sucesso alcançado pelo cliente ao usar o seu produto ou serviço. Enquanto estiver preenchendo, visualize o resultado positivo e a transformação.

	ANTES DA SUA MARCA	DEPOIS DA SUA MARCA
O QUE O CLIENTE TEM?		
O QUE O CLIENTE SENTE?		
COMO É O DIA A DIA DO CLIENTE?		
QUAL É O *STATUS* DELE?		

Esse exercício ajudará a visualizar o seu posicionamento único. Depois de finalizar, você pode mudar a sua comunicação a partir de tudo o que viu aqui, tanto nas redes sociais quanto off-line, ao se comunicar com as pessoas, fazer negociações e networking.

12

NETWORKING SELECT

ANTES DE MAIS NADA, VOCÊ PRECISA SABER QUE 80% DOS resultados do seu negócio dependem das **boas conexões** que você realiza. Tudo está ligado ao networking que você desenvolve. As vendas dependem de relacionamento. As parcerias e a comunicação com os *stakeholders*, inclusive com os colaboradores internos, são essenciais para a conquista dos seus objetivos. Quer mais? Vejamos alguns dados.

Lou Adler, palestrante e autor estadunidense, conduziu uma pesquisa por doze meses com mais de três mil pessoas e concluiu que 85% dos empregos são preenchidos por meio de networking.[46] A Nielsen fez uma pesquisa com mais de 28 mil entrevistados em 56 países e chegou à conclusão de que 92% dos consumidores em todo o mundo dizem que confiam em recomendações de amigos e familiares acima de todas as

---

46 ADLER, L. **New Survey Reveals 85% of All Jobs are Filled Via Networking**. 2016. LinkedIn: Lou Adler. Disponível em: https://www.linkedin.com/pulse/new-survey-reveals-85-all-jobs-filled-via-networking-lou-adler/?src=aff-lilpar&veh=aff_src.aff-lilpar_c. partners_pkw.10078_plc.Skimbit%20Ltd._pcrid.449670_learning&trk=aff_src.aff-lilpar_c. partners_pkw.10078_plc.Skimbit%20Ltd._pcrid.449670_learning&clickid=3u-RHAwA AxyIUhRU1FVePxpDUkGxMqymbSOARQ0&mcid=6851962469594763264&irgwc=1. Acesso em: 26 nov. 2023.

outras formas de publicidade.[47] A Forbes publicou uma matéria falando sobre a importância do networking na qual aponta que 60% a 70% das vagas são destinadas às pessoas que possuem contatos estratégicos.[48]

Algumas curiosidades sobre como networking eleva a nossa jornada: Sheryl Sandberg, ex-chefe de operações da Meta, trabalhava no Google e conheceu Mark Zuckerberg em uma festa organizada pelo CEO da Chegg, Dan Rosensweig, ou seja, em uma conexão do mundo tecnológico;[49] e Warren Buffett, lendário investidor, conheceu o seu mentor, Benjamin Graham, em seu mestrado e isso moldou completamente a sua jornada como um investidor de sucesso.[50]

Por isso, falar sobre e cuidar do networking não é algo que podemos ignorar. Mas vamos ao que interessa: o networking refere-se à prática de estabelecer e manter relações profissionais com outras pessoas e organizações para conseguir gerar parcerias poderosas e promover o crescimento pessoal e profissional. E aqui estamos falando sobre clientes, fornecedores, parceiros de negócios, investidores, contatos estratégicos etc. As possibilidades são infinitas, mas o fato é que ter uma rede influente gera novas oportunidades de negócios, aprendizado, crescimento, reconhecimento, visibilidade e até mesmo apoio emocional, uma vez que você pode se deparar com pessoas que levará para o resto da sua vida.

Os resultados que as pessoas não conquistam se devem ao conhecimento que não têm e aos mentores que não se conectaram. Essa é uma máxima que carrego comigo e quero que você guarde bem em sua mente a partir de agora. Esse é o poder das conexões. Ele transforma a vida e os negócios.

47 CRESCE a confiança do consumidor na publicidade on-line, social e móvel. **Nielsen**, 2012. Disponível em: https://www.nielsen.com/pt/insights/2012/consumer-trust-in-online-social-and-mobile-advertising-grows/. Acesso em: 26 nov. 2023.

48 FOI demitido? Saiba como usar o networking para se recolocar. **Forbes**, 2023. Disponível em: https://forbes.com.br/carreira/2023/04/para-quem-foi-demitido-networking-e-diferente-saiba-como-fazer/. Acesso em: 26 nov. 2023.

49 OCCHIPINTI, G. M. Sheryl Sandberg: quais são os próximos planos da executiva que deixou o Facebook após 14 anos. **Money Times**, 2022. Disponível em: https://www.moneytimes.com.br/sheryl-sandberg-quais-sao-os-proximos-planos-da-executiva-que-deixou-o-facebook-apos-14-anos/. Acesso em: 26 nov. 2023.

50 WARREN Buffet: qual é o seu segredo? **Mundo Financeiro**. Disponível em: https://mundofinanceiro.com.br/quem-e-warren-buffett-e-por-que-voce-deveria-conhece-lo/#:~:text=Durante%20seus%20estudos%20de%20mestrado,investing%20ou%20investimento%20em%20valor. Acesso em: 26 nov. 2023.

Citei Keith Ferrazzi e Tahl Raz na introdução e acredito que, aqui, vale trazer uma nova abordagem do livro *Nunca almoce sozinho*, no qual me espelhei muito para entender melhor sobre o poder das conexões com as pessoas certas:

> A moeda mais valiosa de hoje é o capital social, definido como informação, perícia, confiança e valor total que existe nas relações que têm e nas redes sociais a que pertencem. A ciência validou a equação que há dez anos era apenas intuição: sucesso na vida = (pessoas que conhece) + (o que criam juntos). A sua rede é o seu destino, uma realidade conhecida por muitos estudos nos campos emergentes de social networking e na teoria de contágio social. Somos as pessoas com quem interagimos.[51]

Há dez anos iniciei uma transformação pessoal e profissional em minha vida, tornando-me catalisador de conexões e mentor de pessoas e empresas. Durante essa trajetória, abracei o meu propósito com paixão, e essa nova direção me trouxe até aqui e me impulsionou a escrever este livro, por meio do qual compartilho parte da minha história e as ferramentas que desenvolvi ao longo dos anos em meus negócios para que você possa aplicar no seu também. Por isso, afirmo e reforço que networking é fundamental para quem quer alavancar a empresa e ter mais resultados. Se cheguei até aqui sendo chamado por muitos amigos generosos de "o rei do networking", foi por conta das boas conexões que fiz.

O PRIMEIRO PASSO É ESTAR NO AMBIENTE CERTO

Lembro-me muito bem: era 1º de dezembro de 2022 e acontecia o segundo dia do Fórum Negócios Experience 2022. Nosso projeto é um dos mais impactantes eventos de empreendedorismo do país, com mais de cinco mil pessoas circulando no Centro de Convenções de Natal, um amplo espaço com vista para o mar. O termômetro marcava mais de 30ºC. Muito calor, pouco vento, porém, com a sorte de ficarmos no pavilhão com ar-condicionado funcionando a todo vapor. Lá fora, estava quente. Dentro do evento, um clima agradável. Todas as paredes do Centro de Convenções eram de vidro e transparentes. Tinha uma vista incrível. Dava para ver o mar e as dunas repletas de vegetação. Era início do verão.

---

51 FERRAZZI, K; RAZ, T. **Nunca almoce sozinho**. Portugal: Actual, 2015.

No fim da tarde daquela quinta-feira, depois de vinte palestrantes terem passado pelo palco daquela edição do Fórum, chegou a vez de deixar a minha mensagem. Havia preparado uma palestra incrível sobre alta performance em negócios. Ensaiei um mês inteiro para aquele momento. Mas observei os dois dias do evento, a reação das pessoas, as conversas com os meus amigos palestrantes e escritores e, sobretudo, estava atento à minha conexão com Deus, por isso tomei uma decisão de última hora: mudei a palestra e decidi falar de networking. Sobretudo, decidi falar sobre aquilo que o meu coração estava mandando.

EM QUE MESA VOCÊ ESTÁ SENTANDO?

Essa foi a frase que coloquei no telão para a minha apresentação. A partir dessa reflexão, fiz a minha palestra falando sobre o crescimento da nossa comunidade de empreendedores, contei de que maneira eu vinha construindo ecossistemas de negócios como o Fórum Negócios Experience, o Grupo de Líderes Empresariais (Lide) e outros. Demonstrei toda a minha vulnerabilidade, a minha verdade. Conectei-me com o coração das pessoas, principalmente com aquelas que me conhecem e sabem como o nosso trabalho é genuíno. Dali em diante, recebi dezenas de declarações, apoios, incentivos, depoimentos públicos, provas sociais que fortaleceram a minha reputação e credibilidade. Foi um dia mágico!

Daquelas manifestações nasceu o Fórum Negócios Select, um grupo seleto de empreendedores que confiaram a mim a missão de um programa de um ano inteiro focado no crescimento dos resultados pessoais e profissionais. Baseado nos pilares da generosidade, ousadia e alinhamento de propósito, meu objetivo era construir uma comunidade de empreendedores que passariam um ano inteiro comigo, cumprindo uma agenda de encontros, treinamentos, imersões e experiências a partir de eventos presenciais e on-line com palestras minhas e de grandes mentores, escritores, palestrantes e empresários de sucesso.

Foi uma experiência transformadora para mim e para os que participaram. Fizemos um encontro também em São Paulo, com eventos na sede da Editora Gente, encontros com escritores best-sellers e imersão na Mansão Select com influenciadores e mentores de sucesso. Em Natal, fizemos o evento em um resort cinco estrelas com três dias de treinamentos focados em vendas, gestão e networking. Na praia da Pipa, em Tibau do Sul (RN), realizamos um encontro memorável com direito a mentorias e experiências de lazer com as famílias. Foi algo surreal!

Com toda a certeza do mundo, asseguro que o primeiro passo para conquistar o resultado que você tanto busca é tomar a decisão de frequentar ambientes de crescimento como faço com o Fórum Negócios Select. Foi assim que a minha vida começou a mudar. Nossa caminhada rumo ao sucesso é profundamente influenciada pelo lugar que frequentamos. O ambiente em que você se encontra molda a sua mentalidade, a perspectiva e a ação. Portanto, pare e reflita bem: qual é o ambiente que você está frequentando? Ele está contribuindo para a sua evolução? Será que mudar pode representar uma oportunidade de crescimento?

Preste bem atenção! Você nunca vai vencer o ambiente. Ele vai determinar quem você será. Se frequenta lugares ruins e anda com pessoas tóxicas, não queira esperar resultados satisfatórios. Mas se está acompanhado de pessoas que elevam o seu espírito e motivam você a crescer, a história será outra. Você é moldado por tudo o que come, fala, aceita e convive. É moldado pelo ambiente em que está inserido. Os lugares que frequenta definem você. E não é possível vencer, pois ou ele oprime ou eleva.

NETWORKING INTENCIONAL E ESTRATÉGICO

Quero contar outro segredo. Sempre fiz networking e cresci bastante, mas fazia isso de modo não intencional, totalmente aleatório. Não estudava o tema. Não tinha método. Apenas ia fazendo. As coisas davam certo, mas não era algo que eu conseguia replicar, uma vez que não tinha uma estratégia definida. Seguia firme aperfeiçoando o que praticava naturalmente, no dia a dia. Imagine, então, se eu tivesse à minha disposição todo esse verdadeiro arsenal de informações que estou entregando a você hoje?

Na minha jornada de valor, investindo tudo na minha transformação, aprendi que o networking vai além dos negócios. Envolve a criação de amizades genuínas e duradouras. Networking é mais do que estabelecer contatos – é um pilar essencial para o empreendedorismo e sucesso nos negócios. Você precisa proteger a sua reputação, reconhecer o valor das referências pessoais e saber criar ativamente oportunidades por meio do networking. Quando estratégico e intencional, ele é uma abordagem deliberada e planejada para a construção de relacionamentos profissionais que podem beneficiar a sua carreira ou negócio de maneira significativa. Em vez de simplesmente fazer contatos aleatórios, o networking estratégico envolve identificar e se conectar com pessoas específicas que podem oferecer insights, oportunidades, parcerias ou outros recursos valiosos para alcançar metas específicas. Veja a seguir alguns aspectos-chave para esse processo.

1. OBJETIVOS CLAROS

Tenha objetivos claros e metas específicas para o seu networking. Por exemplo: você pode intencionar encontrar um mentor, explorar oportunidades de colaboração ou obter conselhos sobre um campo específico.

2. CONTATOS RELEVANTES

Quero que você se concentre em identificar pessoas que tenham conhecimento, experiência ou conexões que podem ajudá-lo a atingir os seus objetivos. Quem são essas pessoas? Onde estão? Ter essas respostas é imprescindível.

3. RELACIONAMENTOS DE LONGO PRAZO

O networking estratégico não é apenas sobre obter algo imediato, mas, sim, sobre cultivar relacionamentos de longo prazo que sejam mutuamente benéficos.

4. CONTRIBUIÇÃO RECÍPROCA

Lembre-se de que networking não é apenas receber, e sim sobre oferecer apoio e valor aos seus contatos. A colaboração e a troca de recursos são fundamentais.

5. MANUTENÇÃO DA REDE

É essencial continuar nutrindo e mantendo conexões ao longo do tempo. Isso envolve manter contato regular, compartilhar informações relevantes e oferecer ajuda quando possível.

6. PLANO ESTRATÉGICO

Tenha um plano ou estratégia para o seu networking, incluindo uma lista de contatos-alvo e uma abordagem clara para alcançar os seus objetivos.

7. EVENTOS E GRUPOS PROFISSIONAIS

Participe de eventos, conferências e grupos profissionais relacionados à sua área de interesse. Essa é uma maneira comum de construir uma rede estratégica.

8. PREPARAÇÃO

O preparo é essencial. Antes de se conectar, prepare-se para se comunicar com competência.

Separei esses pilares como fruto de décadas de prática experimental, cursos, mentorias, dezenas de livros lidos e estudos na área. Em vez de sair fazendo networking sem intencionalidade, como eu fazia no passado, você tem a oportunidade de elevar seu grau de acerto atuando de maneira intencional. Você está pronto para fazer networking estratégico. Assim vai poder transformar suas boas conexões em negócios com sabedoria, técnica e metodologia.

O networking pode ser incrivelmente valioso em diversos campos, desde avançar na carreira até expandir um negócio ou buscar oportunidades de investimento. É uma abordagem proativa que requer tempo, esforço e habilidades de comunicação, mas pode levar a conexões valiosas que podem impulsionar o seu sucesso profissional.

Nossa rede de relacionamentos não só influencia os nossos ganhos e influência, como também a nossa mentalidade e destino. A reciprocidade é a essência, e você precisa ter o controle dessas relações. Independentemente de sua origem, suas redes têm o poder de transformar a sua vida. Não importa onde você nasceu, de onde você veio. O que importa é aonde você quer chegar. E as conexões podem levar você a lugares inimagináveis.

NETWORKING INFALÍVEL

Separei algumas ferramentas e orientações para que você possa ter um networking poderoso a partir de agora. Vamos lá!

1. SEJA REFERENCIADO POR ALGUÉM

Para construir relacionamentos sólidos, é fundamental ter alguém que o respalde. Isso significa que você deve buscar alguém que o recomende ou apoie em seu networking.

Ter um padrinho ou alguém que possa enaltecer as suas habilidades, poder de contribuição e caráter é uma maneira poderosa de conquistar a confiança dos outros. Quando alguém de confiança indica você, abre portas e facilita o estabelecimento de novas conexões.

2. ANTES DE PEDIR ALGO A ALGUÉM, SIRVA-O

Antes de buscar favores ou pedir algo a alguém em sua rede, ofereça ajuda e apoio. Isso não apenas demonstra a sua consideração e interesse genuíno pela outra pessoa, como também cria uma base sólida para um relacionamento de networking.

Ao servir aos outros, você constrói capital social, criando uma atmosfera de reciprocidade na qual as pessoas estarão mais dispostas a ajudá-lo quando você precisar.

3. NÃO SEJA INTERESSEIRO, SEJA INTERESSANTE

Pessoas interesseiras veem as conexões como uma via de mão única, buscando apenas os seus próprios benefícios. Ao contrário, pessoas interessantes são aquelas que compreendem as suas próprias fortalezas, buscam formas de contribuir para o crescimento mútuo e são cativantes de várias maneiras.

Ao ser alguém interessante, você atrai relacionamentos verdadeiros e duradouros, pois as pessoas estão mais inclinadas a se envolver em conversas e colaborações significativas com você.

4. ANTES DE SE CONECTAR, PREPARE-SE

Falei sobre isso anteriormente, mas aqui quero reforçar. Antes de iniciar qualquer conexão ou interação de networking é crucial estar preparado. Isso envolve conhecer os seus próprios objetivos, entender o que pode oferecer aos outros, pesquisar sobre as pessoas ou grupos que deseja alcançar e estar pronto para se envolver em conversas significativas. A preparação não apenas torna as suas interações mais produtivas, como também demonstra o seu comprometimento e respeito pelos outros profissionais com os quais você está entrando em contato. É um passo fundamental para o sucesso no networking.

Agora que você tem as bases para um networking infalível, quero apresentar as quatro orientações fundamentais para que você faça um bom networking ao frequentar eventos. Você já sabe que estar em eventos é uma maneira valiosa de expandir a sua rede de contatos e criar conexões significativas, no entanto, para obter o máximo proveito dessas oportunidades, é fundamental seguir algumas diretrizes estratégicas, sendo intencional.

No meu caso, que estou sempre em eventos diferentes espalhados pelo país e pelo mundo, costumo me preparar antes do evento, programando as visitas e as conexões que preciso fazer. Com isso estou garantindo que serei intencional e objetivo em meus planos. Então vamos lá!

1. PLANEJAR O EVENTO E A ESTRATÉGIA

Antes mesmo de colocar os pés no local do evento, é importante ter um plano estruturado. Defina os seus objetivos: o que você deseja alcançar ao participar desse evento? Quer conhecer pessoas em uma indústria específica, buscar parcerias comerciais ou aprender com palestrantes renomados? Ter metas definidas ajudará a direcionar as suas interações e maximizar o valor que você obtém.

2. MAPEAR E ESTUDAR OS *PROSPECTS*

Para criar conexões significativas, é fundamental conhecer as pessoas com as quais deseja interagir. Antes do evento, se possível, obtenha uma lista de participantes ou palestrantes e faça uma pesquisa sobre eles. Saiba quem são, o que fazem, quais são seus interesses e realizações. Isso não apenas facilitará o início das conversas, mas também mostrará o seu interesse genuíno em suas atividades e conquistas.

3. EVITAR SER VISTO COMO OPORTUNISTA

Embora seja natural desejar encontrar oportunidades de negócios ou colaboração em eventos, é essencial abordar essa busca com autenticidade. Evite ser excessivamente promocional ou parecer desesperado por vendas ou acordos imediatos. Em vez disso, concentre-se em construir relacionamentos sólidos e duradouros. Faça perguntas, ouça com atenção e mostre interesse genuíno nas pessoas, independentemente de existir uma oportunidade de negócio imediata ou não.

4. SER OUSADO (VERGONHA NÃO PAGA CONTAS)

Saia da sua zona de conforto. Não tenha medo de iniciar conversas, fazer perguntas e se apresentar. Lembre-se de que a vergonha não traz resultados. Seja ousado e proativo ao se conectar com os outros. Caso se depare com alguém que admira e considera influente, não hesite em se aproximar e iniciar uma conversa. Lembre-se de que a maioria das pessoas em eventos de networking está lá para conhecer novas pessoas e oportunidades, então não subestime o poder de uma abordagem corajosa.

A qualidade das conexões que você cria é mais importante do que a quantidade, e construir relacionamentos genuínos é um investimento que pode render frutos em longo prazo em sua carreira e vida profissional.

PROXIMIDADE É PODER!

Foi colocando em prática tudo o que estou compartilhando que consegui criar mais de dez empresas e fomentar os maiores eventos de negócios, transformação pessoal e networking do Brasil. Se eu posso, você pode. Portanto, comece valorizando esses ensinamentos e construindo a sua rede de networking eficiente.

Estou trazendo isso porque talvez você ainda esteja cético em relação ao tema e sua importância, e quero finalizar a última página deste capítulo sem deixar espaço para nenhuma dúvida. Então, se ainda existir algum preconceito, reforço o pedido para que faça como eu fiz e comece a pensar que, de alguma maneira, intencionalmente ou não, tudo o que você construiu na sua vida de positivo se deve a algumas dessas atitudes que impactam as conexões e os relacionamentos. A verdade é que a intolerância ainda continua fechando a nossa mente em alguns momentos e travando o nosso crescimento. Não deixe que isso aconteça com você! Permita-se aprender. E também compartilhar. Pare de guardar tudo para si e comece a doar. Quanto mais ajudar, mais ajuda terá.

Se alguém me perguntasse hoje ou me pedisse para resumir em uma frase ou expressão o que significa networking, responderia de imediato: tornar os outros mais bem-sucedidos. Esse é o verdadeiro networking. Ele mudou a minha vida e pode mudar a sua também! Conhecer pessoas novas e cultivar relacionamentos profissionais pode abrir portas e oportunidades que você nunca imaginou. Sempre digo que uma boa conexão muda o jogo, os resultados. E algumas boas conexões mudam o mundo. Por isso, participe comigo do Fórum Negócios Select, dos encontros ou de outras redes que considere interessantes, mas expanda a sua rede de contatos. Vamos sair da vida digital, vamos atuar além do papel, vamos viver o networking real, de qualidade.

Se quer expandir seus resultados, precisa reconhecer a importância de se conectar com pessoas e entender sobre o que eu chamo de "o poder dos acessos". Em outras palavras, conectar-se com pessoas de alto potencial aumenta as nossas chances de obter resultados de alto potencial. E relacionamento gera intimidade. Intimidade, por sua vez, gera oportunidade.

Proximidade é poder! Lembre-se de que todas as empresas, não importa o tamanho, são feitas por pessoas. E são as pessoas que decidem. Conecte-se com elas!

AS CHAVES PARA O NETWORKING

Para fecharmos o capítulo, separei algumas orientações, insights e teses que podem ajudar bastante. São conhecimentos e práticas que carrego comigo sempre que o tema é networking poderoso. Leia e volte aqui sempre que ficar em dúvida!

1. Cuidado com os vampiros – esteja ciente dos sugadores de energia e evite pessoas que só buscam benefícios sem contribuir.
2. Existem quatro tipos de amigos, aprenda a distingui-los:

    a) **Íntimo**: aquele que, não importa o tempo e a distância, sempre será o seu amigo genuíno, verdadeiro, do coração. E sempre vai vibrar e torcer por você.

b) **Interesseiro**: é o amigo que se aproxima de você por interesse. Ele quase nunca gera valor e só quer mesmo se aproveitar de você. E está tudo certo, porém tenha cuidado.

c) **Anjo**: aparece uma vez na vida. Surge do nada e salva você de alguma enrascada. Você não tem relação próxima e pouco vê.

d) **Traidor**: na vida, você vai conviver com muitos amigos traidores.

3. Qualquer coisa que me afaste do próximo é antinetworking.

4. Não deixe para fazer networking quando estiver na pior. Não espere até que esteja em apuros para construir a sua rede de contatos.

5. Networking é um estilo de vida. Faça uma prática constante, e não algo ocasional.

6. Mantenha-se próximo, mantenha contato regular com a sua rede.

7. Crie uma primeira impressão vendedora. Desde o primeiro encontro.

8. Baixe o ego! Abaixe a guarda e evite agir com arrogância no networking.

9. Traga conforto ao seu interlocutor, ofereça conversa que beneficie o outro.

10. Faça elogios na medida certa. Use com moderação, evitando exageros.

11. Para ter reputação e confiança, é preciso tratar todos bem, pois até aqueles hierarquicamente abaixo de você sustentam a sua reputação.

12. Oportunidades não nascem. Você as cria! Você é o criador do networking.

13. Uma abordagem infalível e uma conexão verdadeira vêm do coração, são genuínas.

14. Podemos ser três tipos de pessoa: doadores, tomadores e compensadores.

a) **Doadores**: os doadores bem-sucedidos agem em cinco áreas-chave: networking, colaboração, influência, negociação e liderança. Dão mais do que recebem, são voltados para o outro, oferecem algo quando os benefícios para o destinatário superam os custos pessoais, ajudam sem pedir nada em troca.

b) Tomadores: gostam mais de receber do que doar, colocam seus próprios interesses à frente, acreditam que o mundo é um lugar competitivo, uma guerra de cão e gato, ajudam os outros de maneira estratégica de modo que os benefícios para si superem os custos pessoais.

c) Compensadores: equilibram o ato de dar e receber. Empenham-se em preservar o equilíbrio ao ajudar os outros e se protegem buscando reciprocidade.

15. Contribua para o sucesso das pessoas ao seu redor, trabalhe para que todos alcancem o sucesso.

16. O sucesso depende muito de como promovemos as nossas interações com as outras pessoas. A qualidade de suas interações é vital para o sucesso.

17. A melhor maneira de avaliar alguém é ver como ela trata as pessoas que não podem oferecer nada. Avalie o caráter de alguém pelo tratamento dado aos outros.

18. A construção de relacionamentos requer dedicação genuína, não apenas interesses.

> Se criarmos redes de relacionamentos com a única intenção de conseguir algo, não seremos bem-sucedidos. Não podemos perseguir os ganhos das redes de relacionamentos; os benefícios são consequências naturais da dedicação a atividades e relacionamentos significativos.[52]

19. Insights e dicas sobre networking:

a) Mostre-se interessado nas outras pessoas.

b) Grave aniversários, lembre-se de datas especiais.

c) Sorria! É simples, eficaz e fala mais alto do que as palavras.

d) Decore o nome. Isso destacará a sua singularidade e o torna único em uma multidão. É o efeito mágico.

e) Seja um bom ouvinte. Incentive as pessoas a falarem sobre si mesmas.

f) Fale sobre tópicos que interessam aos outros.

g) Invista energia na identificação das paixões do seu interlocutor.

---

52 NETWORKING: muito além da troca de cartões e "cafezinhos". **G4 Educação**, 2021. Disponível em: https://g4educacao.com/portal/networking-muito-alem-da-troca-de-cartoes-e-cafezinhos. Acesso em: 27 nov. 2023.

h) Identifique elementos positivos de alguém que você reconhece honestamente.

i) Não vale a pena discutir.

j) Não perca tempo tentando provar que alguém está errado.

k) Tenha humildade.

l) Se estiver errado, admita rápido e de modo entusiasmado.

m) Reconhecer erros é uma arma poderosa.

20. Nunca inicie uma conversa destacando diferenças de opinião. Encontre pontos em comum antes de discutir diferenças.

21. Ouça. Pratique a escuta ativa em suas conversas.

22. Seja um líder. Lidere inspirando e elogiando pequenas conquistas.

23. Use a teoria dos seis graus de separação – todos estão conectados por até seis graus de separação.

24. A persuasão é o ingrediente mágico, crucial nas relações pessoais e profissionais.

25. Compreenda os outros. Pessoas valorizam o cuidado genuíno.

26. Case as suas palavras com as suas ações. Tenha congruência.

27. Integridade é uma tarefa interior, é um trabalho constante.

28. Tenha credibilidade ao construir valor em sua rede de relacionamentos.

EXERCÍCIO PRÁTICO:
PLANO DE AÇÃO DE NETWORKING

Para que você possa ser mais efetivo na tarefa de construir networking, proponho um plano de ação.

PARTE 1 - DEFINA OS OBJETIVOS

1 Dedique um tempo para refletir sobre os seus objetivos profissionais e pessoais em longo prazo, com um horizonte de três anos. Seja específico e claro sobre o que deseja alcançar.

2 Anote esses objetivos de maneira organizada.

3 Escolha um objetivo de curto prazo que você deseja atingir em um ano e outro objetivo de médio prazo que deseja alcançar em três anos. Certifique-se de que esses objetivos de curto e médio prazo estejam alinhados com o seu objetivo principal de crescimento.

PARTE 2 - IDENTIFIQUE OS RECURSOS

1 Identifique as pessoas, lugares e recursos que podem ajudá-lo a alcançar os objetivos. Considere colegas, mentores, organizações, cursos, livros, eventos e outros.

2 Liste esses recursos ao lado de cada objetivo. Isso ajudará a visualizar como cada recurso se relaciona com seus objetivos.

PARTE 3 - DEFINA UMA ABORDAGEM

1 Pense em estratégias específicas para se conectar com essas pessoas e recursos. Como você pretende abordá-los para obter ajuda e apoio?

2 Registre essas estratégias e certifique-se de que elas sejam práticas e alcançáveis.

PARTE 4 - REFLEXÃO E AÇÃO

1 Após completar as três partes, tire um momento para refletir sobre seu plano de ação. Certifique-se de que seus objetivos, recursos e estratégias estejam alinhados.

2 Implemente o seu plano passo a passo, acompanhando o progresso regularmente. Lembre-se de que esse plano é uma ferramenta valiosa para ajudá-lo a alcançar seus objetivos. A consistência e o comprometimento em seguir o plano são essenciais para seu sucesso.

_____

_____

_____

_____

_____

_____

_____

_____

_____

_____

_____

_____

_____

_____

_____

_____

_____

_____

_____

_____

_____

_____

_____

_____

Com a finalização do exercício, chegamos também ao fim de todos os passos do método para que você consiga transformar a sua indignação em resultados positivos e duradouros para o seu negócio. Mas, antes de finalizarmos, existem ainda alguns pontos sobre os quais precisamos conversar. Vejo você no próximo capítulo!

13

MUDE O JOGO

QUERO CONTAR PARA VOCÊ A HISTÓRIA DE TRÊS PESSOAS que passaram pela minha jornada nos últimos anos. A primeira delas é Camila Moreira.

Sempre foi uma empreendedora por natureza, daquelas pessoas que sentimos que nasceram para criar algo, resolver a dor das pessoas e empreender desde cedo. Com um forte senso de liderança, Camila participou do Fórum Negócios Select e aplicou toda a metodologia de aceleração de resultados que ensinei ao longo deste livro. Em seu primeiro ano após o processo, multiplicou por quinze vezes os seus resultados como nutricionista. Na época em que começamos, lembro-me de que ela estava em dúvida sobre o formato do atendimento, como poderia entregar mais para os seus clientes e como poderia expandir. Ela tinha as ideias, mas não sabia como implementar.

Ampliou o seu negócio para algo que vai além das consultas e passou a ser uma consultora de alimentos. Escalou a empresa, mudou a gestão de pessoas, financeira e comercial, praticou o networking infalível, implementou um marketing poderoso e com essa mudança de imagem sentiu muito mais confiança para cobrar preços mais elevados por suas consultorias. Ela não parou mais! Fundou o Instituto Brasileiro de Consultoria Alimentar e lançou uma pós-graduação nacional. Por estar em um círculo poderoso de networking, começou a prestar consultoria para as maiores empresas de varejo brasileiro com foco em *food service*. Perceba que não há limites quando temos a mente aberta e o foco no resultado!

Camila é uma mulher realizadora e visionária. Ela não só acredita, como coloca em prática o que aprende. E assim foi também com a empresa La Casa do Boné. Letícia Santos, empreendedora que lidera, junto com seu esposo, uma indústria de fabricação e revenda de bonés personalizados, participou do nosso programa de aceleração e com tudo o que aprendeu e implementou multiplicou os resultados por dez vezes. Além de vender mais, a empresa ampliou sua lucratividade e organizou a gestão. Transformou a indignação em ideias e soluções que são lucrativas e elevam o negócio ao próximo nível.

Cintia Senna é outro caso de sucesso dentro do nosso ecossistema de mentorias e networking. Foi mentorada do Fórum Negócios Select e na história dela percebi uma expansão extraordinária de mentalidade. Já no primeiro ano, o seu negócio de paisagismo decolou. E não apenas com resultados financeiros, mas também em sua atuação geográfica. No Nordeste, consolidou sua posição de líder de mercado. Depois do networking aplicado em nossos programas, Cintia está, agora, produzindo e chamando a atenção em São Paulo, onde executou grandes projetos, participou de exposições e recebeu até premiações pelo elevado desempenho do seu trabalho. Isso é só o começo! O processo de expansão dela, com certeza, alcançará o Brasil todo.

Percebe qual é o poder de entender e aplicar a metodologia? Essas são apenas três histórias de centenas de pessoas que mudaram completamente o jogo depois de expandir a mentalidade e aplicar todas as ferramentas que você tem agora.

Eu sei que sair da zona de conforto é difícil, mas eu garanto que fará com que você obtenha resultados reais e extraordinários em seu negócio. Nenhum resultado acontece sem dedicação. Você pode começar pequeno e, então, de repente, colherá grandes frutos.

A primeira decisão que você precisa tomar para crescer e escalar é assumir o compromisso consigo mesmo de fazer diferente. Talvez você pense: *Jean, é muita coisa para colocar em prática ao mesmo tempo. Será que consigo?* Respondo: sim, você consegue. É claro que consegue.

Quero que você coloque isso como variável determinante a partir de hoje e passe a bloquear todo e qualquer pensamento ou ideia negativa da sua mente. Você não precisa colocar tudo em prática **agora**. Vamos aos poucos. O importante é começar.

Você já tem as ferramentas, sabe o que fazer. O que falta para mudar? Nada. Tenho certeza de que com tanta informação valiosa você expandiu a sua mente e não vai mais permitir que ela retroceda. Você é brilhante, tem sonhos lindos, o que falta é apenas acelerar o seu caminho em direção aos resultados.

Quero que você faça um exercício de mentalização como última prática que faremos aqui juntos. Sente-se em um lugar confortável, feche os olhos e respire profundamente por alguns minutos. Deixe a sua mente fluir, imagine-se realizando o seu sonho. Pense sobre todos os resultados que você deseja atingir em sua vida pessoal e em seu negócio. Visualize a sua família prosperando, o seu negócio decolando, o faturamento crescendo, o lucro aumentando, as pessoas felizes com o produto ou serviço que você entrega. Imagine todos os detalhes – a felicidade que você sente em seu coração por ter realizado tudo isso, os abraços que você receberá e parabenizações pelas conquistas, a quantidade de famílias felizes que você ajuda ao empregar outras pessoas. Deixe os seus pensamentos fluírem e perceba como essas emoções inundam o seu coração.

Agora, abra os olhos, agradeça por esse momento e deixe carimbado em sua mente que tudo isso vai se tornar realidade. Não duvide, nem por um minuto.

Lembro-me, ainda hoje, quantas dificuldades enfrentei até encontrar esse caminho em minha jornada. Até encontrar uma metodologia que faria sentido e proporcionaria resultados reais para os empreendedores. Se eu implementei, alinhei, ajustei e consegui, saiba que será assim com você também. Quero que você se sinta ainda mais confiante e determinado a transformar as suas ideias em resultados reais.

Ser vitorioso não é fácil e não há sucesso sem trabalho. Não há conquista sem doação. Não há resultado sem dedicação. Então, chegou o momento de agir. Coloque em prática o que aprendeu. Trace um plano, não deixe para amanhã e saiba que você está no caminho correto para crescer e se fortalecer, elevando o nível do seu negócio. Mantenha a mente aberta ao crescimento. Alimente as suas habilidades de liderança. Seja, agora, o vendedor mais implacável que você conhece, dominando as técnicas que aprendeu aqui.

Siga em frente! O sucesso está ao seu alcance e cada desafio é uma oportunidade. Nunca se esqueça disso!

14
UMA NOVA VIDA, UM NOVO NEGÓCIO

ESTOU EM NATAL, RIO GRANDE DO NORTE, ESCREVENDO estas últimas palavras. O termômetro marca 29°C nesse exato momento. Olhando pela janela, vejo que não tem nenhuma nuvem no céu. Hoje, moro em frente ao mar, gosto de caminhar à beira da praia e entrar no mar sempre que possível. Para mim, é como uma terapia. Pratico surfe e utilizo esses momentos como pausas para reflexão e alinhamento da minha jornada.

Mais cedo, enquanto estava no mar, pensei sobre qual mensagem final queria colocar no livro para você, caro leitor. A conclusão a que cheguei: é hora de celebrar. Não existem outras palavras, não há outra expressão, senão gratidão e felicidade de chegar até aqui ao seu lado. Para mim, foi um processo único, e não só de tradução da minha metodologia e mensagem no formato de um livro, mas também um processo de aprendizado pessoal que carregarei para sempre em meu coração.

Comecei o livro contando sobre a minha jornada, sobre como foi difícil perder o meu pai e ser responsável pela minha família. Foi muito doloroso, mas também gerou um enorme crescimento. Descobri, por conta disso, que existia determinação e coragem dentro de mim. Acredite, por estar aqui, por ter decidido comprar este livro, por ter decidido mudar a sua vida e o seu negócio, vejo a mesma determinação e coragem em você.

Procurei sempre ser muito transparente e sincero. Abri o meu coração sobre os meus medos, revelei as minhas falhas e vulnerabilidades. Eu bem sei que nada vem fácil na nossa vida e que é preciso ter resiliência para manter-se firme no processo constante de evolução. Fiz isso de coração aberto porque sei que falar sobre essas questões mostra que não somos perfeitos. Não poupei palavras, não economizei ensinamentos, não deixei de lado nada do que poderia tirar você da trilha do sucesso.

O que você leu é o que eu pratico em minha vida e em meus negócios. Apresentei uma obra na qual incluí meus anos de experiência, de aprendizado com as leituras, estudos e mentorias que recebo. Compartilhei princípios de liderança que aprendi na prática. Dividi a experiência de como me transformei em um vendedor fanático por resultados, bem como em um comunicador voraz. Justamente por isso sei que, ao aplicar o que aprendeu aqui, você viverá dias extraordinários nos seus negócios, colhendo resultados que não estariam nem nos seus melhores planos. Por isso, sem floreios, sei que você tem as melhores ferramentas em suas mãos. Basta, agora, colocar em prática e se lançar em direção aos seus maiores desafios com confiança e dedicação.

Sei que estou desafiando você, mas escrever este livro foi um desafio para mim também. Em alguns momentos, achei que não conseguiria. Mas não poderia desapontar você, que precisa destas páginas. Então está tudo aqui.

Esteja preparado para enfrentar os obstáculos e adaptar-se às mudanças, seja flexível, resiliente e aberto às possibilidades. Do meu lado, celebro não apenas a conclusão deste livro, mas principalmente a sua jornada. Celebro a sua coragem em buscar o conhecimento, a sua determinação em agir e o seu compromisso com o sucesso. Então, celebre você também!

Reconheça o quanto já conquistou até aqui e saiba que o potencial dentro de você é ilimitado. A partir de agora, você é um agente de mudança, um empreendedor destemido pronto para deixar a sua marca no mundo dos negócios. Você é *select*!

Continue aprendendo, crescendo e ultrapassando limites. Nunca subestime o poder de suas ideias e da paixão que você coloca em cada empreendimento e projeto no qual atua.

Eu profetizo que, ao aplicar os conceitos principais desta obra, você viverá uma vida plena, com mais tempo, lucro e liberdade. Afinal, é isso que todos nós, empreendedores, buscamos.

Ao fechar a última página, não espere, comece projetando os seus maiores sonhos. E entre em ação. Bem-vindo à sua nova vida exponencial.

NÃO HÁ CONQUISTA SEM DOAÇÃO.
NÃO HÁ RESULTADO SEM DEDICAÇÃO.

Este livro foi impresso pela gráfica Bartira em
papel pólen bold 70 g em fevereiro de 2024.